필수 야채 요리책

요리를 풍성하게 해주는 100가지 녹색 요리법과 더 많은
야채를 섭취하는 100가지 만족스러운 방법

성미 왕

판권 소유.

부인 성명

이 eBook에 포함된 정보는 이 eBook의 저자가 연구한 전략의 포괄적인 모음 역할을 하기 위한 것입니다. 요약, 전략, 팁 및 요령은 저자의 권장 사항일 뿐이며 이 eBook을 읽는다고 해서 자신의 결과가 저자의 결과와 정확히 일치한다는 보장은 없습니다. eBook의 저자는 eBook 독자에게 정확한 최신 정보를 제공하기 위해 모든 합리적인 노력을 기울였습니다. 저자와 그 관계자는 발견될 수 있는 의도하지 않은 오류나 누락에 대해 책임을 지지 않습니다. eBook의 자료에는 제3자의 정보가 포함될 수 있습니다. 제3자 자료는 해당 소유자가 표현한 의견으로 구성됩니다. 따라서 eBook의 저자는 제3자의 자료나 의견에 대해 책임을 지지 않습니다. 인터넷의 발전으로 인해, 회사 정책 및 편집 투고 지침의 예상치 못한 변화로 인해 이 글을 쓰는 시점에 사실로 명시된 내용이 나중에는 구식이 되거나 적용되지 않게 될 수도 있습니다.

eBook은 저작권 © 202 3 이며 모든 권리는 보유됩니다. 이 eBook 전체 또는 일부를 재배포, 복사하거나 파생물을 만드는 것은 불법입니다. 이 보고서의 어떤 부분도 저자의 명시적이고 서명된 서면 허가 없이는 어떤 형태로든 복제 또는 재전송될 수 없습니다.

목차

목차 **3**

소개 **7**

1. 통깨 녹두 10
2. 구운 당근 12
3. 적배추 베이컨 조림 14
4. 비건 그리비 감자 15
5. 으깬 레드스킨 감자 18
6. 배와 헤이즐넛을 곁들인 콜리플라워 20
7. 옥수수 커스터드 22
8. 간단하게 구운 브뤼셀 콩나물 24
9. 옥수수튀김 26
10. 치즈소스를 곁들인 콜리플라워 28
11. 브랜디 글레이즈 당근 30
12. 추수감사절 순무조림 32
13. 소시지와 순무 34
14. 오그라탕 감자 36
15. 크림 시금치 38
16. 서코태시 40
17. 판체타를 곁들인 브뤼셀 42
18. 파마산 치즈를 곁들인 부추 44
19. 감귤류를 곁들인 구운 사탕무 46
20. 사과를 곁들인 델리카타 스쿼시 48
21. 당밀 으깬 고구마 50
22. 파마산 치즈를 곁들인 진주 양파 그라탕 51
23. 고구마와 부추그라탕 55
24. 브라운 버터 58
25. 빨간 렌틸콩 패티 60
26. 아루굴라 페스토와 애호박 63
27. 채식 캐서롤 66
28. 구운 브뤼셀 콩나물 69

29.   프라이팬 퀴노아 71

30.   쫄깃한 두부면 74

31.   콩나물과 녹두 77

32.   무가 들어간 껍질두부 79

33.   버터넛 스쿼시 갈레트 82

34.   카레 페이스트를 넣은 퀴노아 85

35.   구운 스모키 당근 베이컨 87

36.   스파게티 스쿼시 위에 연어 89

37.   스쿼시까르보나라 91

38.   구운 토마토소스 94

39.   라따뚜이 96

40.   콜리플라워 베이크 98

41.   콜리케이크 101

42.   매콤한 케일 "미트볼" 104

43.   호박카르보나라 107

44.   이탈리안 소시지 한그릇 110

45.   브로콜리 샐러드 113

46.   치즈 콜리플라워 마쉬를 곁들인 베이컨 115

47.   바삭하게 구운 두부 청경채 샐러드 117

48.   크림 시금치 120

49.   신선한 바질을 곁들인 치즈 누들 123

50.   베지 버거 패티 126

51.   매콤한 콜리플라워와 수죽 소시지 128

52.   발사믹 브뤼셀 콩나물 베이컨 130

53.   마늘 파마산 구운 무 132

54.   에어프라이어 콜리플라워 134

55.   히카마 감자튀김 136

56.   야채 커밥 139

57.   스파게티 스쿼시 142

58.   단풍잎 브뤼셀 콩나물 144

59.   라임감자 146

60.   브뤼셀 콩나물과 토마토 믹스 148

61.	래디쉬 해시	150
62.	허브와 크림을 곁들인 버섯	152
63.	아스파라거스	154
64.	버터 당근	156
65.	아시안 스타일 가지	158
66.	버터 옥수수	160
67.	매콤한 중국식 녹두	162
68.	허브 가지 애호박 믹스	164
69.	청경채 삶은 것	166
70.	에어프라이어 가지튀김	168
71.	에어프라이어 콜라비 감자튀김	171
72.	오이장아찌	173
73.	참마 설탕에 절인 것	175
74.	속을 채운 아보카도	177
75.	생애호박말이	179
76.	캐슈페스토 속 버섯	181
77.	아보카도 카프레제 샐러드	183
78.	생 타코 보트	185
79.	애플 나쵸	187
80.	미트볼이 없는 생볼	189
81.	생당근 파스타	191
82.	애호박 파스타	193
83.	표고버섯국	195
84.	콜리플라워 브로콜리 '밥'	197
85.	호박씨 애호박 국수	199
86.	레몬 파슬리 절인 버섯	201

87. 비건 스프링롤 203

88. 매콤한 씨앗이 들어간 호박 카레 205

89. 타마린드 생선 카레 207

90. 오크라 카레 210

91. 야채 코코넛 카레 212

92. 기본 야채 카레 214

93. 검은 눈 콩과 코코넛 카레 217

94. 양배추 카레 219

95. 콜리플라워 카레 221

96. 감자, 콜리플라워, 토마토 카레 223

97. 호박 카레 225

98. 야채볶음 228

99. 흰 조롱박 카레 230

100. 구운 뿌리채소와 수수 232

결론 **234**

소개

더 많은 야채를 준비하고 집에서 요리하는 것은 건강을 크게 향상시킬 수 있는 간단한 전략입니다. 더욱이 집에서 음식을 준비하는 것은 패스트푸드 소비를 줄이고 음식에 지출하는 돈을 줄이는 것과 관련이 있다는 연구 결과도 있습니다.

집에서 더 많은 요리를 하기 위한 첫 번째 단계 중 하나는 신선한 야채를 요리하는 다양한 방법을 배우는 것입니다. 이러한 기술을 사용하면 야채를 식사의 중심으로 만들 수 있으며, 결과적으로 수많은 유익한 영양소를 제공하고 건강을 개선할 수 있습니다.

야채를 요리하는 기본 방법

A. 찍기

자르는 것은 가능한 한 기본적인 일이며, 노련한 가정 요리사라면 당연하게 여길 수도 있는 일입니다. 그러나 모든 사람이 어렸을 때 야채를 썰고, 썰고, 채썰는 방법을 배우는 것은 아닙니다. 그렇기 때문에 더 나은 요리사가 되고 더 많은 야채를 먹고 싶다면 다지기가 가장 먼저 익혀야 할 기술입니다.

B. 김이 나는

찜은 야채를 준비하는 데 사용되는 오래된 기술입니다. 때로는 간과되기도 하지만 실제로는 작업이 완료됩니다! 또한 연구에 따르면 일부 야채를 찌는 것은 다른 요리 방법보다 영양분을 더 많이 보존할 수 있는 것으로 나타났습니다. 야채를 찌는 것은 음식을 부드럽게 하고 더 부드럽게 만들기 위해 뜨거운 물에 야채를 노출시키는 것을 의미합니다.

C. 비등

야채를 끓이는 것은 야채를 준비하는 가장 쉬운 방법 중 하나입니다. 끓이면 일부 영양소가 야채에서 물로 빠져나올 수 있지만 모든 종류의 야채에 해당되는 것은 아닙니다. 때로는 일부 영양분이 손실되더라도 감자와 기타 단단한 뿌리채소를 요리하는 데 끓이는 것이 가장 효과적인 방법입니다. 조리된 야채와 생야채를 다양하게 섭취한다면 매 끼니마다 최적의 영양분을 유지하는 것에 대해 걱정할 필요가 없습니다.

D. 소테

야채를 볶는다는 것은 어떤 종류의 지방을 넣고 불에 익히는 것을 의미합니다. 소테 요리에 사용되는 가장 일반적인 지방은 엑스트라 버진 올리브 오일, 아보카도 오일, 버터, 심지어 코코넛 오일입니다. 소테 요리에 다진 마늘, 허브, 향신료 및/또는 소금과 후추를 추가할 수도 있습니다.

E. 마리네이팅

부엌에서 좀 더 편안해지기 시작하면 야채를 위한 매리네이드를 만들 수 있습니다! 야채를 요리하기 전에 올리브 오일, 향신료, 허브 및 기타 향료를 섞은 혼합물에 붓거나 담그면 요리 후 맛 과 부드러움을 높일 수 있습니다 . 절인 야채는 볶거나, 굽거나, 구울 수 있습니다.

F. 굽는 데 알맞은

야채를 굽는 것이 처음이라면 무엇을 놓치고 있는지 전혀 모릅니다! 로스팅은 생 야채의 맛 과 질감을 완전히 변화시킵니다 . 많은 사람들은 생으로 먹는 것을 절대 싫어하는 야채가 구운 것 중에서 가장 좋아하는 야채라는 것을 알게 됩니다.

G. 빠른 산세

빠른 절임은 야채를 준비하는 간단하고 재미있는 기술입니다. 절임이 겁나게 들릴 수도 있지만 절인 야채(상온에 보관하는 종류가 아닌 냉장고 피클) 를 만드는 것은 믿을 수 없을 정도로 쉽습니다. 약간의 식초, 설탕, 향신료를 사용하면 거의 모든 종류의 야채를 피클할 수 있습니다.

산출량: 8인분

재료

- 줄기를 제거한 녹두 2 파운드
- 참기름 3큰술
- 쌀식초 1큰술
- 레몬즙 1큰술
- 신선한 간 생강 1티스푼
- 참깨 2큰술
- 코셔 소금 ¼티스푼

지도:

a) 큰 냄비에 물을 끓입니다. 녹두 가 바삭바삭하고 부드러워질 때까지 3~4 분간 조리합니다 . 물을 빼내고 따로 보관해 두세요.

b) 큰 믹싱볼에 다른 재료를 넣고 완전히 섞일 때까지 휘젓습니다. 녹색 콩을 섞고 잘 버무려 넣습니다.

c) 맛에 갓 갈은 후추를 추가합니다 .

2. 팬에 구운 당근

산출량: 4인분

재료

● 당근 4컵 - 얇게 썬 것
● 마늘 4쪽 - 얇게 썬 것
● 기름 1티스푼
● 정제수 1컵
● 바다 소금 1티스푼

지도:

a) 냄비에 물을 넣고 중불 로 마늘을 넣고 끓입니다.
b) 당근을 넣고 끓으 면 약한 불로 낮추고 뚜껑을 덮고 10분간 끓입니다. 즉시 봉사하십시오.

3. 베이컨을 곁들인 적양배추 조림

산출량: 4-6인분

재료

- 잘게 썬 베이컨 6조각
- 설탕 1큰술
- 잘게 다진 큰 노란 양파 1개
- 코셔 소금과 후추(취향에 따라)
- 잘게 썬 그래니 스미스 사과 1개
- 1/3컵 포트
- 레드 와인 식초 ¼컵
- 잘게 썬 큰 머리 붉은 양배추 1 개
- 치킨 스톡 2컵
- 레드커런트 젤리 1/4컵

지도:

a) 베이컨을 5분간 또는 거의 바삭해질 때까지 조리합니다.
b) 설탕을 넣고 30초 더 조리 하세요 .
c) 양파, 소금, 후추를 추가하고 주기적으로 저어주면서 약 10분간 또는 황금색이 되고 부드러워질 때까지 끓입니다.
d) 사과를 넣고 저어주고 불을 중간 정도까지 낮추고 뚜껑을 덮고 사과가 부드러워질 때까지 약 20분간 끓입니다.
e) 양파-사과 혼합물을 포트, 식초, 양배추와 함께 버무리고 섞습니다.
f) 뚜껑을 덮고 5~7분 동안 또는 양배추가 선명한 보라색이 되고 약간 시들해질 때까지 조리합니다.
g) 육수를 넣고 소금과 후추로 간을 해주세요. 불을 중간 정도까지 올리고 혼합물을 끓입니다.
h) 레드커런트 젤리를 넣고 소금과 후추로 간한 후 4~5분 더 끓입니다.

4. 비건 가래비 감자

산출량: 6인분

재료

- 얇게 썬 감자 6-8개
- 비건 체다 치즈 수프 1캔
- 체다 치즈 1-1/2컵
- 증발 아몬드 우유 1캔(12온스)
- 소금과 후추

지도:

a) 도기 냄비 내부에 쿠킹 스프레이를 뿌립니다.
b) 자른 감자의 절반을 도기 냄비에 넣으세요.
c) 청크 수프 1/2캔, 강판 치즈 3/4컵, 아몬드 우유 1/2캔을 추가합니다 . 소금과 후추로 맛을 낸다.
d) 나머지 재료를 첫 번째와 같은 순서로 쌓으세요.
e) 높은 온도에서 6시간 동안 요리하세요.

5. 으깬 레드스킨 감자

산출량: 20인분

재료:

- 10파운드 붉은 피부 감자
- 버터 2개
- 사워 크림 2컵
- 우유 3/4컵
- 마늘가루 2작은술
- 소금과 후추 맛

지도:

a) 큰 냄비에 감자를 부드러워질 때까지 끓 입니다 .
b) 소쿠리에 걸러냅니다.
c) 큰 혼합 용기에 가열된 감자를 넣습니다.
d) 버터를 감자에 넣고 믹서로 섞는다.
e) 남은 재료를 섞거나 으깨세요 .
f) 제공하다.

6. 배와 헤이즐넛을 곁들인 콜리플라워

산출량: 8인분

재료

- 3온스 (6큰술.) 무염버터
- 작은 꽃으로 자른 콜리플라워 1개
- 구운 것, 다진 헤이즐넛 1/2컵
- 얇게 썬 신선한 세이지 잎 8개
- 코셔 소금과 갈은 후추
- 잘 익은 배 2개, 속을 제거하고 얇게 썬 것
- 2큰술. 다진 신선한 평면 잎 파슬리

지도:

a) 12인치 프라이팬에 버터를 넣고 중간 불로 가열하여 연한 황금색이 되고 거품이 생길 때까지 녹입니다. 콜리플라워, 호두, 세이지를 추가 하고 주기적 으로 저어주면서 2분간 조리합니다.

b) 소금 1티스푼과 후추 1/2티스푼을 추가하고 주기적으로 뒤집어가며 6~7분간 또는 콜리플라워가 갈색이 되고 아삭아삭 부드러워질 때까지 끓입니다.

c) 배 조각과 파슬리를 추가 하고 배를 가볍게 버무립니다 .

d) 맛에 소금을 추가로 첨가하십시오

7. 옥수수 커스터드

산출량: 4인분

재료

- 옥수수 4컵
- 1 테이블 스푼 _ _
- 다진 양파 1 큰술
- 밀가루 1 큰술
- 크림 1컵
- 계란 5개
- 소금과 후추

지도:

a) 팬 에 양파를 볶아줍니다 . 모든 것이 잘 섞일 때까지 밀가루를 저어줍니다 .

b) 냉동 옥수수를 액체와 함께 넣습니다. 온도를 높게 올리십시오.

c) 거의 모든 액체가 증발할 때까지 옥수수를 던지십시오. 크림 과 b 오일 을 넣고 2 ~3분간

d) 큰 믹싱볼에 계란 , 소금, 후추를 넣고 섞습니다. 옥수수-양파 혼합물을 천천히 휘젓습니다.

e) 원하는 경우 소금과 후추를 추가로 맛보고 맛을 냅니다.

f) 혼합물을 베이킹 접시에 붓고 약 30분 동안 또는 커스터드가 굳을 때까지 굽습니다 .

8. 간단한 구운 브뤼셀 콩나물

재료

- 데친 브뤼셀 콩나물 4컵
- 베이컨 ¼파운드
- 신선한 백리향을 핀치
- 소금과 후추.

지도:

a) 베이컨을 작은 덩어리로 깍둑썰기합니다. 바닥이 두꺼운 프라이팬에 베이컨을 요리하여 지방을 제거하되 바삭하게 굽지는 마세요.

b) 콩나물에 베이컨 기름과 베이컨 조각을 버무립니다 .

c) 시트 트레이에 신선한 백리향 몇 가지를 얹고 400° 오븐에서 콩나물을 굽습니다.

d) 처음 5분 동안은 호일로 콩나물을 덮고 나머지 5분 동안은 덮개를 제거합니다.

e) 콩나물에 소금과 후추를 뿌리고 서빙 그릇에 담습니다.

9. 구운 옥수수

신출량: 4인분

재료

- 냉동 옥수수 1 팩
- 버터 1테이블스푼
- 크림 4-5테이블스푼
- 신선한 강판 육두구
- 소금과 후추
- 말린 백리향 ¼티스푼

지도:

a) 들러붙지 않는 소테 팬을 중간 불로 가열하고 버터를 녹입니다. 옥수수와 말린 백리향을 넣고 거의 모든 액체가 증발할 때까지 버무 립니다 .

b) 크림을 붓습니다. 육두구, 소금, 후추로 맛을 냅니다.

c) 불을 최대로 높이고 옥수수가 크림으로 완전히 덮일 때까지 계속 요리합니다 .

10.   치즈 소스를 곁들인 콜리플라워

재료

- 데친 콜리 플라워 1개
- 우유 1컵
- 잘게 썬 치즈 1컵
- 버터 11/2테이블스푼
- 디종 머스타드 1티스푼
- 밀가루 1½테이블스푼
- 소금과 후추

지도:

a) 바닥이 두꺼운 소스 팬에 버터를 녹입니다. 밀가루가 버터에 잘 젖을 때까지 휘젓습니다.

b) 우유를 넣고 소스가 걸쭉해질 때까지 계속 저으면서 끓입니다.

c) 모든 것이 잘 섞일 때까지 치즈를 저어줍니다. 소금 과 후추를 넣어 맛보세요.

d) 콜리플라워에 치즈 소스를 버무린 후 즉시 드시거나 오븐에 따뜻하게 보관하세요.

11.   브랜디 글레이즈드 당근

산출량: 8인분

재료

- 2파운드 당근은 껍질을 벗기고 동전으로 자른다.
- ½ 흑설탕 컵
- ½ 컵 버터
- ½ 컵 브랜디 물

지도:

a) 소테 팬에 버터를 녹입니다. 당근 과 설탕을 버터와 함께 버무립니다 .
b) 캐러멜화되기 시작할 때까지 당근을 중간 불로 요리합니다.
c) 브랜디가 다 타버릴 때 까지 불 을 붙 입니다 .
d) 수분이 증발하면서 당근이 들러붙지 않고 계속 익도록 물을 조금씩 추가합니다.
e) 원하는 정도의 익었을 때까지 요리하세요.

12.   추수감사절 순무 조림

재료

- ½파운드 순무 , 껍질을 벗기고 웨지 모양으로 자른다.
- 토마토 페이스트 2 큰술
- 버터 2테이블 스푼
- 껍질을 벗겨 잘게 썬 양파 1개
- 말린 백리향 1티스푼
- 껍질을 벗겨 잘게 썬 당근 1개
- 월계수 잎 1개
- 잘게 썬 셀러리 2줄기
- 소금과 후추
- 육수 또는 물 1½컵
- 부드러워진 버터 2테이블 스푼
- 1 밀가루 한 스푼

지도:

a) 중간 크기의 냄비에 버터를 녹입니다. 양파, 셀러리, 당근을 추가합니다 .

b) 약 5분간 조리합니다. 순무, 양파, 당근, 셀러리 혼합물에 육수, 토마토 페이스트, 백리향, 월계수 잎을 추가합니다.

c) 뚜껑을 덮은 채 350° F 오븐에서 30˜40분간 조리하세요.

d) 순무를 끓이는 동안 버터와 밀가루를 넣어 반죽을 만듭니다.

e) 순무를 서빙 접시에 옮기고 끓이는 팬에서 따뜻하게 유지하세요.

f) 작은 소스 팬에 끓인 액체를 걸러냅니다. 버터 가루 혼합물을 소스에 넣고 걸쭉해질 때까지 휘젓습니다.

g) 소금 과 후추 로 간 을 한 후 순무 위에 소스를 부어주세요 .

13.   소시지와 순무

산출량: 6인분

재료

- 1파운드 소시지 꼬치, 1 인치 조각 으로 자른 것
- 기름 2테이블스푼
- 순무 6-8개 , 데친 것
- 버터 2테이블스푼
- 칠면조 육수 1컵
- 소금과 후추

지도:

a) 오븐을 350° F로 예열하세요 .

b) 기름에 소시지를 3~4분간 볶습니다. 캐서롤 접시로 옮깁니다.

c) 소테 팬을 다시 불에 올려서 기름과 지방을 제거합니다. 녹인 버터에 순무를 추가합니다.

d) 칠면조 육수를 추가하고 소금 과 후추를 넣어 맛보십시오.

e) 끓는 액체와 함께 순무를 캐서롤에 옮깁니다 .

f) 굽 거나 칼끝으로 구멍이 뚫릴 때까지 굽 습니다.

14.   오그라탕 감자

재료

- 껍질을 벗기고 얇게 썬 감자 2 파운드
- 녹인 버터 2테이블스푼
- 소금 1/2티스푼
- 흑후추 1/4티스푼
- 갈은 샤프 체다 치즈 1컵
- 신선한 빵가루 1/4컵

지도:

a) 오븐을 425° F로 예열하세요.
b) 쿠킹 스프레이를 사용하여 얕은 1-1/2쿼트 캐서롤 접시를 코팅합니다.
c) 캐서롤 에 얇게 썬 감자를 겹겹이 쌓습니다 .
d) 녹인 버터를 뿌리고 소금과 후추로 간을 합니다.
e) 빵가루와 강판 체다 치즈로 장식합니다.
f) 뚜껑을 덮고 30분간 조리하세요 아니면 감자가 익을 때까지요 .

15.   크림 시금치

산출량: 4인분

재료

- 버터 2테이블스푼
- 다용도 밀가루 2테이블스푼
- 잘게 잘린 냉동 시금치 2개(10온스) 포장, 해동하고 물기를 잘 뺀 것
- 헤비 크림 1컵(1/2파인트)
- 육두구 가루 1/2티스푼
- 마늘가루 1/2티스푼
- 소금 1/2티스푼

지도:

a) 큰 프라이팬에 버터를 넣고 중간 불로 녹입니다. 황금색이 될 때까지 밀가루를 휘젓습니다.

b) 나머지 재료를 넣고 잘 섞은 후 3~5분간 또는 잘 익을 때까지 끓입니다.

16.   석태시

산출량: 6인분

재료
- 찐 옥수수 2컵
- 익힌 리마콩 2 컵
- 소금 ½티스푼
- 대시 고추
- 코코넛 오일 2테이블스푼
- 코코넛 밀크 ½컵

지도:
a) 옥수수와 콩을 함께 섞고 소금과 후추로 간을 합니다.
b) 우유와 오일을 넣고 끓입니다.
c) 즉시 봉사하십시오

17.   판체타를 곁들인 브뤼셀

산출량: 4인분

재료

- 작은 주사위로 자른 1/2파운드 판체타
- 올리브유 2~3큰술 나누어서
- 신선한 브뤼셀 콩나물 1파운드
- 메이플 시럽 2테이블스푼
- 화이트 발사믹 식초 1테이블스푼
- 코셔 소금과 갈은 후추

지도:

a) 큰 주철 프라이팬에 올리브 오일 1테이블스푼을 넣고 중간 불로 가열합니다. 향이 나고 바삭해지기 시작할 때까지 판체타를 요리하세요 . 종이 타월을 깐 접시에 물기를 빼고 따로 보관합니다.

b) 방울 양배추의 끝부분을 잘라내고 뿌리부터 끝까지 반으로 자릅니다.

c) 자른 브뤼셀 콩나물을 팬에 같은 층으로 놓고 4~5분 동안 조리하거나 콩나물이 갈색이 되어 캐러멜화되기 시작할 때까지 조리한 다음 뒤집어서 코셔 소금과 후추로 간을 하고 중간 정도가 될 때까지 끓인 다음 덮습니다. 뚜껑.

d) 판체타를 돌려주세요 팬에.

e) 남은 올리브 오일 한 스푼, 메이플 시럽, 발사믹 식초를 넣고 섞은 후 1~2 분 더 가열합니다 .

f) 맛을 내기 위해 코셔 소금과 후추 가루를 추가한 후 서빙하세요.

18.   파마산 치즈를 곁들인 리크 쇼테

산출량: 6인분

재료

- 세로로 반으로 자른 얇은 리크 6개
- 올리브 오일 2테이블스푼
- 코셔 소금
- 갓 갈은 후추
- 건조 또는 반건조 화이트 와인 ¼컵
- 무염 치킨 스톡 3테이블스푼
- 무염 버터 1테이블스푼
- 갓 간 파마산 치즈 3테이블스푼

지도:

a) 크고 바닥이 두꺼운 프라이팬에 기름을 넣고 중간 불로 가열합니다.

b) 기름이 뜨거워지면 부추를 한 겹으로 자르고 자른 면이 아래로 향하도록 놓으십시오.

c) 리크가 부드럽게 갈색이 될 때까지 집게로 3~4분 동안 버무립니다.

d) 부추에 소금과 후추를 뿌린 다음 자른 면이 아래로 향하도록 뒤집습니다.

e) 팬의 유약을 제거하기 위해 와인을 저어줍니다. 냄비에 리크 윗부분이 잠길 만큼 충분한 치킨 스톡을 채우세요.

f) 끓으면 약한 불로 줄이고 뚜껑을 덮고 15~20분간 또는 리크가 부드러워질 때까지 조리합니다.

g) 버터를 천천히 부어주세요.

h) 접시에 자른 면이 위로 향하도록 부추를 놓고 그 위에 치즈를 얹습니다.

19.   감귤류를 곁들인 구운 사탕무

산출량: 4인분

재료

● 중간 크기의 빨간색 또는 노란색 사탕무 6~8개
● 이슬비용 엑스트라 버진 올리브 오일
● 큰 네이블 오렌지 1개
● 대시 셰리 식초 또는 발사믹 식초
● ½ 레몬 주스 또는 맛보기
● 물냉이 잎, 루콜라 또는 마이크로그린 한줌
● 바다 소금과 같은 후추
● 염소 또는 페타 치즈
● 다진 호두 또는 피스타치오

지도:

a) 오븐을 화씨 400도까지 예열하세요.
b) 비트에 올리브 오일, 약간의 바다 소금, 갓 간 후추를 넉넉하게 뿌립니다 .
c) 사탕무를 호일에 싸서 35~60분 동안 굽거나 부드러워지고 포크처럼
   부드러워질 때까지 굽습니다 .
d) 비트를 오븐에서 꺼내고 호일을 떼어낸 후 옆에 놓아 식힙니다.
e) 만졌을 때 피부가 식었을 때 껍질을 벗기세요. 1인치 크기의 웨지나
   덩어리로 자릅니다 .
f) 오렌지를 3등분으로 자르고 나머지 1/4 웨지는 짜내기 위해 보관 합니다 .
g) 비트에 올리브 오일과 셰리 식초, 레몬 주스, 남은 웨지에서 짜낸 오렌지
   주스, 소금과 후추 몇 꼬집을 넣고 버무립니다. 서빙 준비가 될 때까지
   냉장 보관하세요.
h) 서빙하기 전에 소금과 후추 또는 식초를 추가하여 맛을 보시기 바랍니다.
i) 오렌지 조각, 물냉이, 감귤 컬을 접시에 놓습니다.

20.　　　 델리카타 스쿼시

산출량: 4인분

재료

- ½인치 조각으로 자른 델리카타 스쿼시 2 개
- 반으로 자른 진주 양파 ½컵
- 엑스트라 버진 올리브 오일, 이슬비용
- 페피타 및/또는 잣 2테이블스푼
- 찢어진 라시나토 케일 2컵, 잎 2~3장
- 잘게 썬 세이지 잎 6개
- 백리향 가지 3개에서 나온 잎
- 잘게 썬 작은 갈라 사과 1개
- 바다 소금과 갓 간 후추

지도:

a) 오븐을 화씨 425도까지 예열하고 베이킹 시트에 양피지를 깔아주세요.

b) 베이킹 시트에 있는 스쿼시와 양파 위에 올리브 오일과 소금, 후추를 듬뿍 뿌립니다.

c) 코팅을 위해 던진 다음 시트에 닿지 않도록 펴십시오. 25~30분 동안 굽거나 스쿼시의 모든 면이 황금빛 갈색이 되고 양파가 부드러워지고 캐러멜화될 때까지 굽습니다.

d) 작은 프라이팬에 소금 한 꼬집을 넣어 페피타를 중간 불로 가열하고 자주 저어주면서 약 2분간 굽습니다. 따로. 케일, 세이지, 백리향을 추가합니다.

e) 따뜻하게 구운 스쿼시와 양파, 사과, 페 피타 절반, 드레싱 절반을 큰 베이킹 그릇에 넣고 섞습니다. 던져 올림.

f) 8~10분 동안 굽 습니다 .

g) 서빙 직전 에 남은 드레싱을 뿌리고 남은 페피타를 얹습니다.

21.   당밀 으깬 고구마

산출량: 8인분

재료

- 고구마 4 초 , 잘라서 _ 1인치 덩어리로
- 1인치 크기로 자른 작은 당근 8개
- 1인치 크기로 자른 중간 크기 의 파스닙 4개
- 코셔 소금
- 4큰술. 무염 버터
- 사워 크림 1/4컵
- 당밀 1/4컵
- 1큰술. 잘게 썬 신선한 생강
- ½ 컵 반반
- 갓 갈은 후추

지도:

a) 큰 냄비에 고구마, 당근, 파스닙을 넣고 물을 부어주세요.

b) 끓으면 약한 불로 줄여 15~20분간 또는 야채가 부드러워질 때까지 조리합니다. 물기를 빼고 냄비에 다시 넣으세요.

c) 팬에 야채를 말리면서 들러 붙지 않도록 팬을 가끔 흔들어 주세요.

d) 버터, 사워 크림, 당밀, 생강, 반반을 추가합니다 .

e) 소금 과 후추 를 넣고 맛을 낸 후 향신료를 조절하세요.

22.   파마산 치즈를 곁들인 진주 양파 그라탕

재료

- 해동된 냉동 진주 양파 2파운드
- 헤비 크림 1컵
- 34인치 신선한 타임 가지
- 코셔 소금과 땅 후추
- 3큰술 무염 버터, 녹인 것
- 1 컵, 거칠고 신선한 빵가루
- 갈은 것 1/4컵 파르미지아노 레지아노
- 말린 짭짤한 잎을 으깬 것 1/2티스푼

지도:

a) 오븐을 화씨 400도까지 예열하세요.

b) 큰 냄비에 양파와 물을 데우세요 .

c) 양파가 가열되면 포크로 저어주고 분리합니다. 물이 끓으면 불을 중간으로 줄이고 뚜껑을 덮고 5분간 끓입니다. 물기를 완전히 제거하고 두드려서 말립니다.

d) 작은 소스 팬을 중간 불로 가열하고 크림, 백리향, 소금 1/2 티스푼 을 섞습니다 . 크림을 끓이는 데 가져오세요 . 크림에서 백리향 잔가지를 제거하고 버립니다.

e) 그 동안 버터 1큰술을 얕은 2qt에 바르세요. 그라탕 또는 베이킹 접시.

f) 빵가루, 짭짤한 파르미지아노-레지아노, 남은 녹인 버터 2큰술, 소금 12 작은술, 후추 몇 갈래를 작은 믹싱 접시에 넣고 섞습니다.

g) 베이킹 접시에 양파를 펼칩니다. 양파 위에 빵가루를 바르고 그 위에 크림을 부어주세요.

h) 약 30분 동안 굽거나 빵가루가 짙은 황금빛 갈색이 되고 크림이 가장자리 주변에서 힘차게 끓을 때까지 굽습니다.

i) 오븐에서 꺼내서 10분 동안 따로 놓아두었다가 서빙하세요.

23. 고구마와 부추 그라탕

신출량: 6인분

재료
- 2큰술. 무염 버터
- 2큰술. 올리브유
- 6온스 판체타(1/4인치 주사위로 자른 것)
- 2 큰 리크 , 1/4인치 두께로 얇게 썬 것
- 다진마늘 1/4컵
- 헤비크림 2컵
- 3큰술. 신선한 백리향 잎
- 코셔 소금과 땅 후추
- 잘게 썬 고구마 2개
- 껍질을 벗겨 잘게 썬 러셋 감자 3개

지도:

a) 오븐을 화씨 350도까지 예열하세요.

b) 중간 소스팬에 버터와 오일을 넣고 중간 불로 가열합니다. 판체타 를 갈색이 될 때까지 약 9분간 조리 합니다. 슬롯 형 스푼을 사용하여 종이 타월로 옮깁니다.

c) 팬에 부추와 마늘을 넣고 뚜껑을 덮은 후 약한 불로 줄이고, 주기적으로 뒤집어가면서 약 5분간 또는 부추가 부드러워질 때까지(갈색이 되지 않을 때까지) 조리합니다.

d) 크림을 넣고 끓인 후 약한 불로 낮추고 5분간 조리합니다 .

e) 판체타, 백리향, 소금 1티스푼, 후추를 다시 넣어 맛을 봅니다. 따로.

f) 버터를 사용하여 2쿼트 캐서롤 접시에 기름을 바릅니다.

g) 리크 크림 2테이블스푼을 감자 위에 균등하게 숟니다.

h) 그 위에 고구마를 한 겹 깔고 가볍게 양념한 후 리크 크림 2큰술을 더 얹습니다.

i) 남은 감자를 모두 사용할 때까지 계속 사용하세요. 남은 리크 크림을 감자 위에 뿌리고 단단히 누릅니다.

j) 50~60분 동안 굽거나 포크로 찔렀을 때 윗부분이 갈색이 되고 가운데 있는 감자가 부드러워질 때까지 굽습니다.

k) 제공하다.

24.   브라운 앤 버터에 구운 버섯

산출량: 4인분

나는 성분 :

- 1파운드 버섯(단추, 크레미니 등),
- 기름 1테이블스푼
- 소금과 후추 맛
- 버터 1/4컵
- 다진 마늘 2쪽
- 다진 백리향 1티스푼
- 레몬즙 1테이블스푼
- 소금과 후추 맛

지도:

a) 버섯을 기름, 소금, 후추와 함께 버무린 다음 베이킹 시트에 한 겹으로 펼치고 20분 동안 굽거나 중간에 저으면서 캐러멜화되기 시작할 때까지 굽습니다.

b) 중간 크기의 냄비에 버터를 맛있는 헤이즐넛 브라운색이 될 때까지 녹인 후 불을 끄고 마늘, 백리향, 레몬즙을 넣고 섞습니다.

c) 큰 믹싱볼에 구운 버섯을 갈색 버터와 함께 넣고 소금과 후추로 맛을 냅니다 !

25. 빨간 렌즈콩 패티

토마토 소스의 경우:

- 1 14온스의 다진 토마토 캔.
- 아가베 시럽을 뿌렸습니다.
- 기름 1큰술.
- 레드와인, 화이트와인 1티스푼.
- 칠리, 프로방스 의 말린 허브 , 파프리카 가루를 취향에 맞게 드세요.

렌즈콩 패티의 경우:

- 마른 빨간 렌즈콩 1컵.
- 1 1/2컵, 물 3큰술.
- 야채 국물 가루 1티스푼.
- 강황 1티스푼.
- 양파 1개, 잘게 썬다.
- 마늘 1쪽을 눌렀습니다.
- 큐민 1/2티스푼.
- 아마 달걀 1개.
- 파슬리 2큰술.
- 소금과 후추로 맛을 보세요.
- 필요에 따라 기름.

지도:

a) 모든 활성 성분을 냄비에 넣고 끓입니다. 불을 최소화하고 주기적으로 저어주면서 약 30분 동안 끓입니다. 더위를 피하십시오.

b) 렌틸콩 패티 만들기: 렌틸콩, 물, 야채 육수, 강황을 냄비에 넣고 끓입니다. 필요한 경우) 불을 줄이고 렌즈콩이 부드러워지고 물이 흡수될 때까지 요리합니다(물을 더 추가합니다. 주기적으로 저어줍니다.

c) 반면에 프라이팬에 양파를 요리하십시오

d) 오븐을 390° F로 예열합니다. 베이킹 시트에 베이킹 페이퍼를 깔고 오일을 바릅니다.

e) 그릇에 렌즈콩, 양파, 마늘, 커민, 아마 달걀, 파슬리, 소금, 후추를 넣습니다. 잘 섞어서 살짝 식혀주세요.

f) 손에 물을 묻혀 렌틸콩 패티를 빚은 후 베이킹 페이퍼 위에 올려주세요. 약간의 기름을 바르십시오.

g) 빨간 렌즈콩을 약 20-25분 동안 굽고 토마토 소스와 함께 제공합니다.

26.   아루굴라 페스토와 호박

재료:

- 호밀 토스트 2조각
- 아보카도 1/2개
- 큰 호박 1/2개
- 물냉이 무리
- 마늘 1쪽

루콜라 페스토의 경우:

- 루콜라 2줌
- 잣(또는 견과류) 1컵
- 시금치 1줌
- 라임 1개의 즙
- 바다 소금 1티스푼
- 올리브 오일 3큰술

지도:

a) 모든 재료를 식품 분쇄기에 넣고 루콜라 페스토를 만드는 것부터 시작하고 페스토가 부드럽고 부드러워질 때까지 휘젓습니다.

b) 먼저 호박을 매우 얇은 수평 조각으로 잘라서 볶습니다. 굵게 썬 마늘 한 쪽, 올리브 오일, 바다 소금을 뿌린 다음 물 몇 방울을 작은 팬에 넣고 중불로 데우세요.

c) 익으면서 애호박이 마르기 시작하면 애호박을 넣고 물을 천천히 넣어 7분간 볶습니다.

d) 빵을 구운 후 페스토를 토스트 전체에 펴 바르고 애호박과 얇게 썬 아보카도를 넣고 물냉이를 올려주세요!

27.   채식 캐서롤

재료:

- 올리브유나 유채기름 1큰술.

- 조심스럽게 얇게 썬 양파 1개.

- 얇게 썬 마늘 3쪽.

- 훈제 파프리카 1티스푼.

- 커민 가루 1/2티스푼

- 말린 백리향 1큰술

- 잘게 썬 중간 크기 당근 3개.

- 잘게 썬 중간 크기 셀러리 2개

- 붉은 고추 1개, 잘게 썬다.

- 얇게 썬 노란 고추 1개.

- 2 x 400g 토마토 캔 또는 껍질을 벗긴 방울토마토

- 야채 육수 큐브 1개(최대 250ml)

- 두껍게 썬 애호박 2 개

- 신선한 타임 2줄기.

- 삶은 렌즈콩 250g.

지도:

a) 따뜻함 1 큰술 올리브유 또는 유채 기름을 거대하고 압도적인 기반 접시에 담습니다. 잘게 썬 양파 1개를 넣고 부드러워질 때까지 5~10 분간 섬세하게 조리합니다 .

b) 자른 마늘 3쪽, 훈제 파프리카 1작은술, 커민 가루 1/2작은술, 말린 백리향 1큰술, 잘게 썬 당근 3개, 잘게 썬 셀러리 스틱 2개, 잘게 썬 홍고추 1개, 잘게 썬 노란 고추 1개를 넣고 5분간 조리합니다.

c) 400g짜리 토마토 2개, 야채 육수 250ml(스톡 포트 1개로 만들기), 두껍게 자른 애호박 2개, 새 백리향 줄기 2개를 넣고 20~25분 동안 요리합니다.

d) 백리향 가지를 꺼냅니다. 익힌 렌틸콩 250g을 넣고 다시 스튜에 넣습니다. 야생 및 흰색 바스마티 쌀, 스쿼시 또는 퀴노아와 함께 제공됩니다.

28.   구운 브뤼셀 콩나물

재료:

- 반으로 자른 브뤼셀 콩나물 1파운드
- 다진 샬롯 1개.
- 올리브 오일 1큰술
- 소금과 후추로 맛을 보세요.
- 발사믹 식초 2티스푼
- 석류씨 1/4컵.
- 1/4 컵 염소 치즈, 부서진.

지도:

a) 오븐을 400°F로 예열하세요. 방울양배추에 기름을 바르세요. 소금과 후추를 뿌린다.

b) 베이킹 팬으로 옮깁니다. 오븐에 20분간 굽습니다.

c) 식초를 뿌린다.

d) 서빙하기 전에 씨앗과 치즈를 뿌립니다.

29.   프라이팬 퀴노아

재료:

- 고구마 1컵, 깍둑썰기.

- 물 1/2컵.

- 올리브 오일 1큰술.

- 잘게 썬 양파 1개.

- 다진 마늘 3쪽.

- 커민 가루 1티스푼.

- 고수 가루 1티스푼.

- 고춧가루 1/2작은술.

- 말린 오레가노 1/2티스푼.

- 15온스 검은 콩, 헹구고 물기를 빼냅니다.

- 15온스 구운 토마토

- 야채 육수 1 1/4컵.

- 냉동 옥수수 1컵 퀴노아 1컵(익히지 않은 것).

- 맛볼 소금.

- 가벼운 사워 크림 1/2컵.

- 신선한 고수잎 1/2컵.

지도:

a) 냄비에 물과 고구마를 넣고 중간 불로 끓입니다. 종기에 가져다.

b) 열을 줄이고 고구마가 부드러워질 때까지 요리합니다.

c) 기름과 양파를 추가합니다.

d) 3분간 조리하세요. 마늘과 향신료를 넣고 1분간 볶습니다.

e) 사워 크림과 고수를 제외한 나머지 재료를 추가합니다. 20분 동안 요리하세요.

f) 서빙하기 전에 사워 크림을 곁들인 다음 고수를 얹습니다.

30.　　　국수를 곁들인 쫄깃한 두부

재료:

- 큰 오이 1/2개.

- 쌀 레드 와인 식초 100ml.

- 황금 설탕 2큰술.

- 식물성 기름 100ml.

- 팩사 두부 200g을 3cm 크기로 잘라줍니다.

- 메이플시럽 2큰술.

- 갈색 또는 흰색 된장 4큰술.

- 흰 참깨 30g.

- 말린 메밀국수 250g.

- 잘게 썬 파 2개를 서빙합니다.

지도:

a) 필러를 사용하여 오이에서 얇은 리본을 자르고 씨앗을 남겨주세요. 리본을 그릇에 넣고 따로 보관하세요. 팬에 식초, 설탕, 소금 1/4티스푼, 물 100 ml를 넣고 중불에서 설탕이 액화될 때까지 3~5 분 동안 천천히 가열한 다음 오이 위에 붓고 두부를 준비하는 동안 냉장고에 절여두세요 .

b) 달라붙지 않는 큰 프라이팬에 기름 1큰술만 남기고 중간 불로 가열하여 거품이 표면에 올라오기 시작할 때까지 가열합니다. 두부를 넣고 7~10분간 볶습니다 .

c) 작은 그릇에 꿀과 된장을 섞습니다. 참깨를 접시에 펼쳐 놓습니다. 튀긴 두부에 끈적끈적한 꿀 소스를 바르고 남은 음식은 따로 보관해 두세요. 두부에 씨앗을 고르게 묻힌 뒤 소금을 약간 뿌려 따뜻한 곳에 두세요.

d) 면을 준비 하고 남은 기름, 남은 소스, 오이 절임액 1큰술과 함께 버무립니다. 완전히 따뜻해질 때까지 3분간 조리하세요.

31.   녹두를 곁들인 콩나물

재료:

- 브뤼셀 콩나물 600g 을 4등분하고 잘랐습니다.

- 녹두 600g.

- 올리브 오일 1큰술

- 제스트와 주스 레몬 1개.

- 구운 잣 4큰술

지도:

a) 몇 초 동안 조리한 다음 야채를 추가하고 콩나물이 약간 색을 낼 때까지 3-4 분 동안 볶습니다.

b) 레몬즙을 짜내고 소금과 후추를 넣어 맛을 냅니다.

32. 무를 곁들인 깝질 두부

재료:

- 단단한 두부 200g.

- 참깨 2큰술.

- 시치미 1큰술 토가라시 .

향신료 믹스

- 옥수수가루 1/2큰술.

- 참기름 1큰술.

- 식물성 기름 1큰술.

- 부드러운 줄기 브로콜리 200g.

- 설탕 스냅 완두콩 100g.

- 아주 잘게 썬 무 4개.

- 잘게 썬 파 2개.

- 금귤 3개, 아주 잘게 썬 것

드레싱을 위해

- 저염 일본 간장 2큰술.

- 유자즙 2큰술(또는 라임과 자몽즙 각 1큰술)

- 골든 캐스터 설탕 1티스푼.

- 잘게 다진 작은 샬롯 1개.

- 다진 생강 1티스푼.

지도:

a) 두부를 반으로 자르고 키친 페이퍼로 잘 덮어 접시에 담습니다. 무거운 프라이팬을 위에 올려서 물을 짜내세요. 두부가 건조해질 때까지 종이를 몇 번 수정한 다음 두툼한 조각으로 자릅니다. 그릇에 참깨, 일본식 양념 믹스, 옥수수 가루를 함께 섞습니다. 두부에 잘 겹칠 때까지 뿌리세요. 따로.

b) 작은 그릇에 드레싱 재료를 함께 섞습니다. 냄비에 물을 넣고 야채를 끓이고 큰 프라이팬에 기름 두 개를 넣고 가열합니다.

c) 프라이팬이 매우 뜨거워지면 두부를 넣고 양쪽 면이 갈색이 될 때까지 약 1분간 볶습니다.

d) 물이 끓으면 브로콜리와 슈가스냅콩을 2~3분 정도 삶아 준비합니다.

33.   버터넛 스쿼시 갈레트

재료:

- 철자 가루 1 1/2 컵.

- 6-8 세이지 잎.

- 찬물 1/4컵.

- 코코넛 오일 6큰술.

- 바다 소금.

충전의 경우:

- 올리브 오일 1큰술.

- 얇게 썬 적양파 1/4개.

- 세이지잎 1큰술.

- 아주 잘게 썬 빨간 사과 1/2개.

- 버터넛 스쿼시 1/4개, 껍질을 제거하고 아주 잘게 자릅니다.

- 코코넛 오일 1큰술을 나누어 토핑용으로 예약합니다.

- 토핑용으로 남겨둔 세이지 2큰술.

- 바다 소금.

지도:

a) 오븐을 350° F로 예열하세요.

b) 밀가루, 바다 소금, 세이지 잎을 식품 분쇄기에 첨가하여 크러스트를 만듭니다. 점차적으로 코코넛 오일과 물을 넣고 정기적으로 펄스를 가하여

밀가루에 부드럽게 섞입니다. 구성 요소가 서로 통합될 때까지 30초 정도만 펄스를 줍니다.

c) 그 동안 채우기를 만드십시오. 작은 팬을 중간 불로 가열하고 올리브 오일을 데우세요. 양파, 소금 한 꼬집, 세이지 잎 1티스푼을 넣고 약 5분간 볶습니다. 반죽을 약 1/4 인치 두께의 원으로 굴릴 때 이것을 따로 보관하십시오.

d) 작은 그릇에 호박과 사과를 넣고 올리브 오일과 바다 소금을 뿌립니다. 양파 위에 버터넛 스쿼시와 사과 조각을 추가합니다(이미지에서 보는 것처럼 간단합니다).

e) 스쿼시 바깥쪽 상단의 크러스트 가장자리를 부드럽게 접습니다. 세이지 잎과 함께 갈레트 위에 코코넛 오일 작은 덩어리를 넣고 오븐에서 20~25분 동안 굽거나 빵 껍질이 벗겨지고 스쿼시가 완전히 익을 때까지 굽습니다.

34.   카레 페이스트를 곁들인 퀴노아

재료

- 신선한 고수 줄기 2큰술
- 잎 2작은술 .
- 마늘 6쪽
- 고수 가루 1큰술
- 커민 가루 1/2큰술
- 생강 1인치(껍질 제외) .
- 라임 1개의 즙
- 레몬그라스 줄기 1개
- 샬롯 또는 흰 양파 1/2컵
- 칠리 플레이크 1티스푼
- 바다 소금
- 그린 카레

지도:

a) 카레 페이스트를 만드는 것부터 시작하세요. 잘 섞이고 갈아서 페이스트가 될 때까지 모든 것을 식품 분쇄기에 섞어주세요.

b) 이제 카레를 만들어 보세요. 중불/강불에서 코코넛 오일과 양파를 5분 동안 데우세요. 모든 야채, 코코넛 설탕, 카레 페이스트, 물 1/4컵을 넣고 뚜껑을 덮은 채 약 10분 동안 끓입니다.

c) 야채가 타지 않도록 점차적으로 물을 더 추가하십시오. 야채가 익으면 코코넛 밀크와 물 1컵을 넣고 야채가 완전히 익을 때까지 10분간 더 끓입니다. 신선한 라임 주스, 고수잎을 추가 로 넣고 현미나 퀴노아를 넣고 저어주세요!

구운 스모키 당근 베이컨

재료:

- 큰 당근 3개

- 유채기름 2큰술

- 마늘가루 1티스푼

- 훈제 파프리카 1티스푼

- 소금 1티스푼

지도:

a) 만돌린을 사용하여 당근을 씻고(껍질을 벗길 필요 없음) 세로로 조각냅니다. 양피지를 깐 베이킹 시트에 당근 조각을 놓습니다. 오븐을 320° F로 예열하세요. 작은 그릇에 남은 재료를 함께 섞은 다음 양쪽에 당근 조각을 발라주세요.

b) 15분 동안 또는 당근 조각이 물결 모양이 될 때 오븐에 넣으세요 .

36.   스파게티 스쿼시 위에 연어

재료:

- 오향분말 ½티스푼
- 갈은 오렌지 껍질 1티스푼
- 설탕 ½티스푼
- 코셔 소금 ¼티스푼
- 갓 다진 후추 ½티스푼
- 6온스 연어 필레 2개
- 디종 머스타드 2티스푼
- 땅콩기름 1테이블스푼
- 구운 스파게티 스쿼시 2컵
- 다진 신선한 고수 2테이블스푼

지도:

a) 작은 그릇에 5가지 향신료 가루를 오렌지 껍질, 설탕, 소금, 후추와 함께 섞습니다. 왁스 종이에 필렛의 양쪽을 문지릅니다. 필레에 겨자를 바르십시오.

b) 큰 프라이팬을 중간 불로 가열한 다음 바닥에 기름을 발라줍니다. 필레를 팬에 한 번만 뒤집어서 겉이 바삭하고 갈색이 될 때까지 총 5~8분간 볶습니다.

c) 그동안 스쿼시를 따뜻한 디너 접시 두 개에 나누어 담으세요. 생선 필레를 얹고 고수로 장식합니다.

37. 스쿼시 까르보나라

(총 **시간**: 25분| **서비스**: 3)

재료:

- 곤약 참마 국수(시라타키) 1팩

- 달걀 노른자 2개

- 스쿼시 퓨레 3큰술

- 갈은 파마산 치즈 1/3컵

- 헤비 크림 ½컵

- 유기농 버터 2큰술

- 판체타 4 조각

- 말린 세이지 ½티스푼

- 소금과 후추 맛

지도:

a) 물을 끓여서 면을 3분간 담가주세요. 긴장을 풀고 따로 보관하십시오.

b) 뜨거운 팬에 판체타를 굽고 잘게 썬다. 판체타에서 지방을 확보하세요

c) 판체타용으로 익힌 팬에 체에 걸러낸 국수를 놓고 5분간 조리합니다. 따로.

d) 다른 팬(큰 크기)에 버터를 녹이고 중간 불로 굽습니다. 스쿼시 퓨레를 추가하고 세이지로 맛을 냅니다.

e) 헤비 크림을 팬에 붓고 판체타의 지방을 추가하고 잘 저어줍니다.

f) 마지막으로 소스에 파마산 치즈를 넣고 잘 섞어주세요. 불을 약하게 줄이고 소스가 걸쭉해질 때까지 저어줍니다.

g) 국수를 소스와 함께 팬에 옮기고 계란을 깨뜨린 다음 모든 재료를 섞습니다.

38. 구운 토마토 소스

재료:

- 토마토 10개

- 신선한 바질 다발

- 마늘, 전구

- 올리브유

- 소금과 후추

지도:

a) 오븐을 375F로 예열하세요.

b) 토마토 10개를 세로로 반으로 자릅니다.

c) 신선한 바질을 잔뜩 추가하세요.

d) 마늘 통 전체를 가운데로 자르고 각 절반을 베이킹 접시에 앞면이 보이도록 놓습니다.

e) 토마토를 올리브 오일에 담그고 소금과 후추를 갈아주세요.

f) 오븐에서 약 1시간 동안 구운 다음, 오븐을 끄고 30분 더 따뜻한 오븐에 놓아두세요.

g) 토마토를 제거하고 식혀주세요.

h) 섞지 말고 과육과 즙을 짜서 껍질을 빼내고 껍질을 버리고, 마늘은 정향을 짜내고 껍질은 버리세요.

i) 포크로 으깨세요.

39. 라따뚜이

재료:

- 가지 2개

- 큰 양파 1개

- 고추 2개(녹색, 빨간색, 노란색 가능)

- 다진 토마토 2통

- 아기 골수 1팩

- 버섯 1 개

- 시금치 1봉지

- 치킨 스톡 2 ¼컵

- 소금과 후추

- 마늘 2쪽(잘게 다지거나 압착된 것)

지도:

a) 모든 재료를 잘게 썰어주세요

b) 육수에 잘게 다진 야채, 마늘, 양파를 모두 넣고 물이 줄어들 때까지 중간 불로 끓입니다. 그러면 야채가 걸쭉하고 맛있는 스튜가 됩니다.

c) 청키 코티지 치즈 150g, 체다 30g 또는 파마산 치즈 6큰술과 함께 제공

40. 콜리플라워 베이크

재료:

- 베이컨 4조각

- 브로콜리 2컵

- 콜리플라워 2컵

- 버섯 2컵

- 피망 1개

- 양파 1개

- 크림 1컵

- 갈은 치즈 3큰술

- 올리브 오일 2큰술

지도:

a) 오븐을 360F로 예열하세요.

b) 콜리플라워와 브로콜리가 부드러워질 때까지 찌거나 익힌 다음 오븐용 접시에 옮깁니다.

c) 올리브 오일 2큰술에 베이컨 조각과 버섯, 피망, 양파를 넣고 볶습니다.

d) 콜리플라워 위에 튀긴 베이컨과 버섯을 붓습니다.

e) 그릇에 달걀 4개를 크림과 함께 휘젓고 맛을 낸 후 콜리플라워나 브로콜리 위에 붓습니다.

f) 오븐에 넣어 25분간 조리합니다. 오븐에서 꺼내 강판 치즈를 뿌립니다.

g) 다시 오븐에 넣고 5분간 더 조리하세요.

41. 콜라케크

재료:

- 1.3파운드 콜리플라워 작은 꽃

- 다진 양파 1개

- 잘게 다진 마늘 3쪽

- 강황 1티스푼

- 잘게 간 파마산 치즈 1컵

- 굵게 갈은 숙성된 화이트 체다 치즈 1컵

- 계란 8개

- 소금 1-2티스푼

- 차전자피 2큰술

- 크림 1컵

- 코코넛 오일 1테이블스푼

- 참깨

- 올리브유

지도:

a)   오븐을 360F로 예열하세요

b)   콜리플라워를 찌세요. 절반은 그대로 두고 나머지는 으깨주세요

c) 양파, 마늘, 심황을 코코넛 오일에 넣고 부드러워질 때까지 볶습니다. 따로
.

d) 별도의 그릇에 계란을 휘젓습니다. 크림, 치즈, 소금, 차전자피를
추가합니다.

e) 전체 콜리플라워와 으깬 볶은 양파, 달걀 혼합물을 그릇에 담습니다.

f) 스프링 모양 베이킹 틀에 기름칠 베이킹 페이퍼를 깔고 참깨를 뿌립니다.
팬을 베이킹 트레이에 놓습니다.

g) 콜리플라워 믹스를 붓고 오븐에서 40분간 굽습니다.

h) 오븐에서 나오자마자 포크로 표면 전체를 살짝 찔러준 후 올리브 오일을
뿌려주세요.

42. 양념 케일 "미트볼"

서브: 8

재료:

- 올리브 오일 4큰술

- 아몬드 가루 1컵

- 케일 잎 1 묶음

- 다진 녹색 고추 1개

- 고춧가루 1/4작은술

- 강황가루 1/4티스푼

- 커민씨 가루 1티스푼

- 다진 생강 1/4작은술

- 흑소금 또는 취향에 따라 소금

- 쿠킹소다 또는 베이킹소다 1티스푼(선택사항)

- 반죽용 물

지도:

a) 그릇에 모든 재료를 함께 섞습니다.

b) 반죽을 손가락으로 섞어서 섞으세요. 농도는 너무 두껍지도 너무 얇지도 않아야 합니다. 케일 "미트볼"을 만드십시오.

c) 프라이팬에 기름을 두릅니다. 뜨거운 기름에 케일 "미트볼"을 하나씩 넣습니다.

d) 한 번에 몇 가지만 튀기면 너무 많이 튀기지 마세요. 한쪽 면이 노릇노릇해지면 뒤집어서 다른 면도 익혀주세요.

e) 구멍이 있는 스푼으로 감자튀김을 꺼내 흡수성 냅킨 위에 올려 놓습니다.

f) 뜨겁게 서빙하세요.

43. 호박 카르보나라

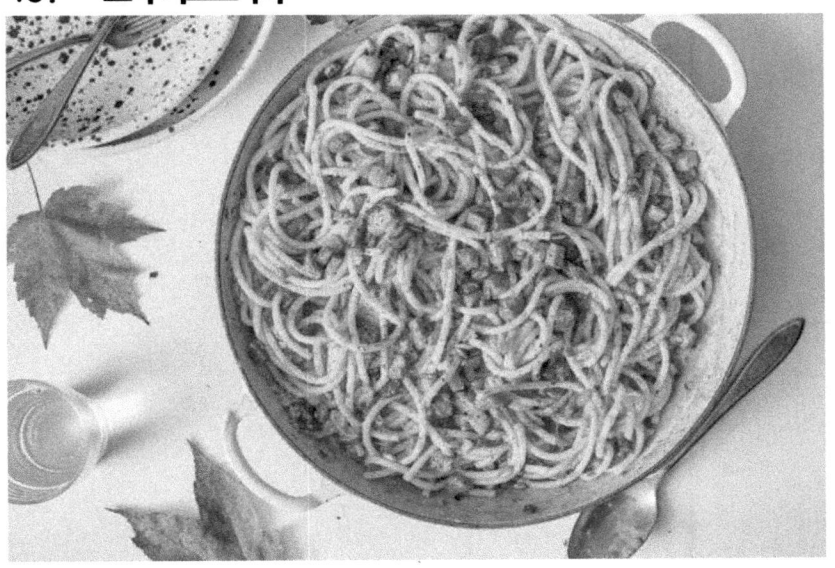

서빙: 4

재료:

- 5온스 판 체타

- 헤비 크림 ¼컵

- 버터 2큰술

- 말린 세이지 ½티스푼

- 후추

- 시라타키면 1팩

- 2 달걀 노른자

- 파마산 치즈 1/3컵

- 호박 퓨레 3큰술

- 소금

지도:

a) 냄비에 물을 끓이고 면을 넣고 3분간 삶은 후 물기를 뺍니다. 완전히 건조시킨 후 필요할 때까지 따로 보관해 두십시오.

b) 판체타를 자르고 프라이팬을 가열한 후 판체타를 바삭해질 때까지 요리합니다. 기름을 비축하고 필요할 때까지 판체타를 따로 보관해 두십시오.

c) 작은 냄비를 가열하고 버터를 넣고 갈색이 될 때까지 요리한 다음 퓨레와 세이지를 넣습니다.

d) 판체타, 지방, 크림을 넣고 완전히 섞일 때까지 섞습니다.

e) 기름을 두른 팬을 센 불에 올려 면을 5분간 볶습니다.

f) 호박 혼합물에 치즈를 넣고 합치고 불을 낮추세요. 소스가 걸쭉해질 때까지 요리하세요.

g) 판체타와 국수를 소스에 넣고 버무린 다음 노른자를 넣고 함께 섞습니다. 3분 동안 요리하세요.

h) 제공하다.

44. 한 냄비 이탈리안 소시지 식사

110

서빙: 2

재료:

- 양파 1큰술

- 파마산 치즈 ¼컵

- ½ 티스푼 오레가노

- ¼ 티스푼 소금

- 소시지 링크 3개

- 4 온스 버섯

- 모짜렐라 치즈 ¼컵(잘게 썬 것)

- ½ 티스푼 바질

- ¼ 티스푼 레드 페퍼 플레이크

지도:

a) 오븐을 350F로 설정하세요

b) 연기가 나기 시작할 때까지 주철 프라이팬을 가열한 다음 소시지를 넣고 거의 익을 때까지 요리합니다.

c) 양파와 버섯을 썰어 냄비에서 소시지를 꺼내고 얇게 썬 채소를 넣고 노릇해질 때까지 3분간 조리합니다.

d) 소시지를 썰어 양념과 함께 프라이팬에 추가합니다. 파마산 치즈를 넣고 섞어서 섞습니다.

e) 프라이팬을 오븐에 넣고 10분간 조리한 후 모짜렐라 치즈를 얹고 치즈가 녹을 때까지 조리하세요.

f) 제공하다.

45. 브로콜리 샐러드

재료:

- 브로콜리 1컵

- 중간 크기 셀러리 줄기 2개

- 버섯 조각 1/2컵(튀김)

- 방울토마토 1/4컵

- 올리브 오일 1큰술

- 양상추 2컵

- 발사믹 식초 1큰술

- 팬에 말린 호박씨 ½컵을 구운 것

지도:

a) 모든 재료를 그릇에 넣고 섞어서 즐기세요.

46. 치즈 콜리플라워 매쉬를 곁들인 베이컨

재료:

- 다진 콜리플라워 꽃 4컵

- 헤비 크림 3큰술

- 마늘가루 ¼티스푼

- 소금과 후추 맛

- 익히고 잘게 썬 베이컨 4줄

- 잘게 썬 체다 치즈 1컵

지도:

a) 오븐용 그릇에 잘게 썬 콜리플라워 꽃 헤비 크림 버터를 섞고 마늘 가루, 소금, 후추로 간을 합니다.

b) 그릇을 전자레인지에 넣고 센 불에서 20분간 또는 콜리플라워가 부드러워질 때까지 조리하세요.

c) 익힌 콜리플라워를 푸드 프로세서에 붓고 베이컨과 체다 치즈를 넣습니다.

d) 부드러운 농도가 될 때까지 펄스를 줍니다.

e) 위에 버터를 살짝 발라 서빙하세요.

47.   바삭하게 구운 두부와 청경채 샐러드

서빙: 3

재료:

두부의 경우:

- 간장 1큰술

- 물 1큰술

- 막걸리 식초 1큰술

- 15온스 아주 단단한 두부

- 참기름 1큰술

- 마늘 2티스푼

- 레몬즙 ½개

샐러드의 경우 :

- 파 1개

- 코코넛 오일 3큰술

- 올렉 1큰술

- ½ 라임 주스

- 9온스 청경채

- 다진 고수 2큰술

- 간장 2 큰술

- 땅콩버터 1큰술

- 스테비아 액상 7방울

지도:

a) 두부를 깨끗한 천에 싸서 건조될 때까지 6시간 동안 누르세요.

b) 그릇에 간장, 물, 식초, 레몬즙, 참기름, 마늘을 넣고 큐브 두부를 섞습니다. 매리네이드에 추가하고 플라스틱으로 덮은 후 30분 동안 또는 가능하면 하룻밤 동안 따로 보관합니다.

c) 오븐을 350F로 설정합니다. 양피지를 사용하여 베이킹 시트를 깔고 절인 두부를 시트 위에 놓습니다. 35분간 굽습니다.

d) 청경채 를 제외한 모든 재료를 섞어 샐러드용 드레싱을 준비합니다 . 청경채 를 잘게 썰어 드레싱에 버무린다.

e) 청경채 위에 구운 두부를 얹고 서빙하세요.

48. 크림 시금치

재료:

- 시금치 2컵

- 다진 작은 양파 ½개

- 물 ¼컵

- 1/2 스톡 큐브

- 잘게 썬 마늘 1쪽

- 헤비 크림 ¼컵

- 버터 2큰술

- 소금과 후추 맛

- 치즈(선택)

지도:

a) 팬에 물과 함께 시금치와 양파를 넣고 중간 불로 가열합니다.

b) 스톡 큐브와 마늘을 추가하고 8-10분 동안 또는 모든 물이 증발하고 시금치가 매우 부드러워질 때까지 찌십시오.

c) 생크림과 버터를 넣고 소금과 후추로 간을 해주세요. 걸쭉해질 때까지 요리하세요.

d) 휴대용 블렌더를 사용하여 시금치를 상당히 부드러워질 때까지 갈아줍니다.

e) 뜨거울 때 서빙하세요

49.   신선한 바질을 곁들인 치즈 국수

서빙: 3

재료:

- 애호박 국수(국수) 2컵

- 신선한 다진 바질 2큰술

- 잘게 썬 페코리노 로마노 치즈 1/4컵

- 갈은 그라나 파다노 치즈 1/4컵

- 가염버터 3큰술

- 으깬 마늘 3쪽

- 고춧가루 1티스푼

- 잘게 썬 홍고추 1큰술

- 코코넛 오일 1큰술

- 맛을 내기 위해 소금과 신선한 갈라진 후추

지도:

a) 프라이팬을 중간 불로 가열하고 버터와 코코넛 오일을 녹입니다. 마늘, 다진 고추, 고추가루를 넣습니다. 1분 동안만 볶으세요.

b) 면을 넣고 1~2분간 조리하세요. 불을 끄고 신선한 바질과 함께 버무립니다. 가볍게 던집니다.

c) 페코리노 로마노 치즈를 넣고 버무려주세요.

d) 마지막으로 갈은 그라나파다노 치즈를 위에 뿌려주세요.

e) 즉시 봉사하십시오.

50. 채식 버거 패티

재료:

- 브뤼셀 콩나물 2컵

- 유기농 계란 3개

- 갈은 파마산 치즈 1컵

- 염소 치즈 1 ½개

- 다진 파 ½컵

- 아몬드 가루 1/3컵

- 파마산 치즈 1컵

- 염소 치즈 1 ½개

- 소금과 후추 맛

지도:

a) 방울양배추를 깨끗이 씻어 푸드프로세서에 넣고 잘게 찢어주세요.

b) 브뤼셀 콩나물을 그릇에 옮기고 파마산 치즈와 아몬드 가루를 그릇에 넣습니다. 소금과 후추로 간을 맞춘다

c) 다른 그릇에 계란을 휘젓고 브뤼셀 콩나물 혼합물 위에 붓습니다. 손으로 잘 섞어주세요.

d) 약4 온스의 버거 패티를 만듭니다. 그런 다음 기름칠한 주철 프라이팬에서 각 면을 약2분 동안 또는 바삭해질 때까지 볶습니다.

51. 수죽 소시지를 곁들인 매콤한 콜리플라워

재료:

- 냉동 콜리플라워 4컵

- 8온스 얇게 썬 수죽 소시지(또는 빨간색 파스트라미)

- 다진 피망 1개

- 케이준 시즈닝 1티스푼

- 다진 양파 1/2개

- 다진마늘 2큰술

- 올리브 오일 2큰술

지도:

a) 프라이팬에 올리브 오일을 두른 팬에 양파를 2~3분간 볶습니다.

b) 잘게 썬 콜리플라워의 액체를 짜서 팬에 넣습니다. 콜리플라워를 양파와
   함께 5~10분간 볶습니다.

c) 케이준양념을 넣고 섞어주세요. 잘게 썬 수죽 소시지나 파스트라미, 피망을
   넣습니다 .

d) 약 5분까지 버무리고 요리하세요. 접시로 옮깁니다. 제공하다.

52. 발사믹 브뤼셀 콩나물 그리고 베이컨

제공량: 4

성분 :

- ½ ~ 1파운드 브뤼셀 콩나물

- 올리브 오일 1티스푼

- 발사믹 식초 1티스푼

- 질산염이 없는 베이컨 2조각

- 입맛에 맞게 소금, 후추 1꼬집

오시는 길 :

a) 브뤼셀 콩나물을 먼저 씻어서 다듬습니다. 딱딱한 줄기 끝을 다듬고 손상된 잎을 제거하십시오. 두드려서 말려주세요.

b) 에어프라이어를 380° F로 예열하세요. 3분 동안

c) 중간 크기의 그릇에 오일과 발사믹 식초를 넣고 버무립니다.

d) 베이컨 조각을 1인치 조각으로 자릅니다. 에어프라이어 바구니에 콩나물을 넣고 그 위에 베이컨 조각을 얹습니다.

e) 조리 시간 중간에 바구니를 한 번 이상 흔들면서 16~18분 동안 공기에 튀깁니다.

f) 포크로 익었는지 확인하고 필요한 경우 튀김 시간을 1~2분 더 추가하세요.

53. 마늘파마산구운무

수확량: 2인분

성분 :

- 12온스 봉지 무, 손질하고 반으로 가른 것

- 올리브 오일 1큰술(16g) 나누어서

- 다진 마늘 1쪽

- 코셔 소금 한 꼬집

- 갈은 파마산 치즈 2큰술

- 레드 페퍼와 파슬리 플레이크 1/4티스푼

오시는 길 :

a) 무를 반으로 자르고(대형 무는 4등분) 올리브 오일 1/2큰술(8g)을 버무립니다. 에어프라이어 바구니에 무를 넣고 400° F에서 8분간 조리하세요.

b) 같은 그릇에 남은 올리브 오일 1/2큰술, 다진 마늘, 소금, 고추, 파슬리 플레이크를 넣습니다. 모든 것을 함께 저어주세요.

c) 에어프라이어에서 8분 후 무를 올리브 오일 혼합물과 함께 그릇에 다시 넣고 고르게 코팅되도록 버무립니다. 강판에 간 파마산 치즈를 넣고 무에 파마산 치즈가 고르게 코팅될 때까지 모두 섞습니다.

d) 무를 다시 에어프라이어 바구니에 넣고 바삭바삭한 황금빛 갈색이 될 때까지 400° F에서 68분간 추가로 조리합니다.

54. 에어 프라이어 콜리플라워

제공량: 4

성분 :

● 핫소스 3/4큰술 매운게 싫으시면 순한 소스로 해주세요

● 아보카도 오일 1큰술

● 소금 맛

● 중간 크기의 콜리플라워 1개를 한입 크기로 자르고 씻어서 두드려서 완전히 건조시킵니다.

오시는 길 :

a) 에어프라이어를 400F/200C로 예열하세요

b) 큰 그릇에 핫 소스, 아몬드 가루, 아보카도 오일, 소금을 함께 섞습니다.

c) 콜리플라워를 넣고 코팅될 때까지 섞습니다.

d) 에어프라이어에 콜리플라워 반개를 넣고 볶습니다 .

e) 꼭 에어프라이어를 열고 튀김바구니를 23번 흔들어 콜리플라워를 뒤집어주세요. 제거하고 따로 보관하십시오

f) 두 번째 배치를 추가하되 23분 정도 덜 조리 하세요 .

g) 담그기 위해 추가로 매운 소스를 곁들여 따뜻하게 드세요.

55. 히카마 감자튀김

4인분

성분 :

- 히카마 8컵(껍질을 벗겨 얇은 성냥개비로 잘게 썬 것, 두께 1/4인치, 길이 3인치)

- 올리브 오일 2큰술

- 마늘가루 1/2티스푼

- 커민 1티스푼

- 바다소금 1티스푼

- 흑후추 1/4티스푼

- 체다 치즈 1/2컵(잘게 썬 것)

- 파 1/4컵(잘게 썬 것)

오시는 길 :

a) 스토브에 큰 냄비에 물을 끓입니다. 히카마 감자튀김을 넣고 더 이상 바삭해지지 않을 때까지 12~15분 동안 끓입니다.

b) 히카마가 더 이상 바삭바삭하지 않으면 꺼내서 두드려서 말립니다.

c) 에어프라이어 오븐을 400도로 설정하고 2~3분간 예열해 주세요. 사용할 에어프라이어 선반이나 바구니에 그리스를 바르세요.

d) 감자튀김을 올리브 오일, 마늘 가루, 커민, 바다 소금과 함께 큰 그릇에 담습니다. 코트에 던집니다.

56. 야채 케밥

제공량: 6

성분 :

- 양송이버섯 1컵(75g)

- 포도 토마토 1컵(200g)

- 작은 호박 1개를 큼직하게 썬다

- 커민 가루 1/2티스푼

- 청양고추 1/2개 썰어서

- 덩어리로 자른 작은 양파 1개(또는 반으로 자른 작은 샬롯 34개)

- 소금 맛

오시는 길 :

a) 참나무 꼬치를 물에 최소 10분 이상 담가둔 후 사용하세요.

b) 에어프라이어를 390F/198C로 예열하세요.

c) 꼬치에 야채를 꽂습니다.

d) 꼬치를 에어프라이어에 넣고 서로 닿지 않도록 해주세요. 에어프라이어 바구니가 작은 경우 꼬치 끝부분을 잘라서 맞춰야 할 수도 있습니다.

e) 10분 동안 요리 하고 요리 시간의 절반을 뒤집습니다. 에어프라이어 온도는 다양할 수 있으므로 짧은 시간부터 시작한 다음 필요에 따라 더 추가하세요.

f) 야채 케밥을 접시에 옮겨 담아냅니다.

57. 스파게티 스쿼시

제공량 2

성분 :

- 스파게티 스쿼시 1개(2파운드)
- 물 1컵
- 봉사할 실란트로
- 장식용 신선한 고수 2테이블스푼(선택 사항)

오시는 길 :

a) 스쿼시를 반으로 자릅니다. 중앙의 씨앗을 제거하세요.

b) 인스턴트팟 투입구에 물 한 컵을 붓고 삼발이를 넣어주세요.

c) 스쿼시 반쪽 두 개를 피부 쪽이 아래로 향하게 하여 삼발이 위에 배열합니다.

d) 뚜껑을 닫고 고압으로 20분간 "수동"을 선택하세요.

e) 삐 소리가 나면 자연해제를 하고 뚜껑을 제거하세요.

f) 스쿼시를 제거하고 두 개의 포크를 사용하여 안쪽에서 잘게 썬다.

g) 필요한 경우 매콤한 돼지고기 충전재를 곁들여 드세요.

58. 단풍잎 브뤼셀 콩나물

제공량 4

성분 :

- 1 파운드 브뤼셀 콩나물(손질)
- 갓 짜낸 오렌지 주스 2 테이블스푼
- 갈은 오렌지 껍질 ½ 티스푼
- ½ 테이블스푼 Earth Balance 버터 스프레드
- 메이플 시럽 1 테이블스푼
- 소금, 후추로 입맛에 맞게

오시는 길 :

a) 인스턴트팟에 모든 재료를 넣어주세요.
b) 뚜껑을 닫고 고압으로 4 분간 "수동" 기능을 선택하세요.
c) 삐 소리가 난 후 빠르게 풀고 뚜껑을 제거하세요.
d) 잘 저어준 뒤 즉시 서빙하세요.

59. 라임 감자

제공량 2

성분 :

- 올리브 오일 ½ 테이블스푼
- 문질러서 깍둑썰기한 중간 크기 감자 2개 ½ 개
- 잘게 썬 신선한 로즈마리 1 테이블스푼
- 갓 갈아서 맛을 낸 후추
- 야채육수 ½ 컵
- 신선한 레몬즙 1 테이블스푼

오시는 길 :

a) 인스턴트팟에 기름, 감자, 후추, 로즈마리를 넣어주세요.

b) 계속 저으면서 4분간 "소테"합니다.

c) 인스턴트팟에 남은 재료를 모두 넣어주세요.

d) 뚜껑을 닫고 6분간 "수동" 기능을 선택하세요. 고압

e) 삐 소리가 난 후 빠르게 풀고 뚜껑을 제거하세요.

f) 부드럽게 저어주고 따뜻하게 드세요.

60. 브뤼셀 콩나물과 토마토 믹스

제공량 4

성분 :

- 1파운드 브뤼셀 콩나물, 손질된
- 6개의 방울토마토, 반으로 줄인
- 파 1/4컵 다진 것
- 올리브 오일 1큰술
- 맛에 맞게 소금과 후추

오시는 길 :

a) 브뤼셀 콩나물에 소금과 후추로 간을 한 후 에어프라이어에 넣고 350°F에서 10분간 조리하세요.

b) 그릇에 담고 소금, 후추, 방울토마토, 파, 올리브 오일을 넣고 잘 버무려 서빙합니다.

61. 래디쉬 해시

제공량 4

성분 :

- 양파가루 1/2 작은술
- 파마산 치즈 1/3 컵, 강판에 간
- 계란 4개
- 1 파운드 무, 슬라이스
- 마늘가루 1/2 작은술
- 맛에 맞게 소금과 후추

오시는 길 :

a) 그릇에 무에 소금, 후추, 양파, 마늘 가루, 계란, 파마산 치즈를 넣고 잘 저어주세요.

b) 에어프라이어에 맞는 팬에 무를 옮기고 350°F에서 7분간 조리하세요.

c) 해시를 접시에 나누어 담아 서빙하세요.

62. 허브와 크림을 곁들인 버섯

제공량 4

성분 :

- 각종 버섯 1파운드, 씻어 잘게 썬 것
- 무설탕 간장 2큰술
- 소금과 후추 맛
- 올리브 오일 1큰술
- 서빙용 갓 다진 파슬리 2큰술
- 서빙용 사워 크림 2큰술

오시는 길 :

a) 에어프라이어 기계를 180°F로 예열하세요

b) 모든 재료를 진공백에 담습니다.

c) 봉지를 밀봉하고 수조에 넣고 타이머를 30분으로 설정합니다.

d) 시간이 다 되면 즉시 사워 크림과 다진 파슬리를 곁들여 드세요.

63. 아스파라거스

제공량 4

성분 :

- 1파운드 아스파라거스
- 다진 마늘 1쪽
- 올리브 오일 1큰술
- 레몬 1/2개의 즙
- 소금과 후추 맛

오시는 길 :

a) 에어프라이어 기계를 화씨 135도까지 예열하세요

b) 모든 재료를 진공백에 담습니다.

c) 봉지를 밀봉하고 수조에 넣고 타이머를 1시간으로 설정합니다.

d) 시간이 지나면 바로 반찬이나 전채요리로 드세요.

64. 버터 당근

제공량 4

성분 :

- 껍질을 벗긴 작은 당근 1파운드
- 버터 2큰술
- 소금과 후추 맛
- 흑설탕 1큰술

오시는 길 :

a) 에어프라이어 기계를 185°F로 예열하세요
b) 모든 재료를 진공백에 담습니다.
c) 봉지를 밀봉하고 수조에 넣고 타이머를 1시간으로 설정합니다.
d) 시간이 지나면 바로 반찬이나 전채요리로 드세요.

65. 아시아 스타일 가지

제공량 4

성분 :

- 얇게 썬 가지 1파운드
- 무설탕 간장 2큰술
- 참기름 6큰술
- 서빙용 참깨 1큰술 입맛에 따라 소금과 후추

오시는 길 :

a) 에어프라이어 기계를 185°F로 예열하세요

b) 모든 재료를 진공백에 담습니다.

c) 봉지를 밀봉하고 수조에 넣고 타이머를 50분으로 설정합니다.

d) 시간이 다 되면 주철 프라이팬에 가지를 몇 분 동안 갈색으로 굽습니다.

e) 참깨를 뿌려 즉시 제공하십시오.

66. 버터옥수

제공량 4

성분 :

- 옥수수 이삭 4개, 씻어서 다듬기
- 버터 2큰술
- 소금 맛
- 파슬리 가지 2-3개

오시는 길 :

a) 에어프라이어 기계를 185°F로 예열하세요

b) 옥수수 귀를 진공 백에 넣고 버터 소금, 파슬리를 넣습니다.

c) 봉지를 밀봉하고 수조에 넣고 타이머를 30분으로 설정합니다.

d) 시간이 다 되면 파슬리 가지를 제거하고 옥수수를 담아냅니다.

67. 매콤한 중국식 녹두

제공량 4

성분 :

- 긴 녹두 1파운드
- 칠리소스 2큰술
- 다진 마늘 2쪽
- 양파가루 1큰술
- 참기름 1큰술
- 소금 맛
- 서빙용 참깨 2큰술

오시는 길 :

a) 에어 프라이어 기계를 185°F로 예열하세요.

b) 재료를 진공백에 담아주세요.

c) 봉지를 밀봉하고 수조에 넣고 타이머를 1시간으로 설정합니다.

d) 콩에 참깨를 뿌려서 드세요.

68. 허브 가지와 애호박 믹스

제공량 4

성분 :

- 가지 1개, 대략 입방체
- 호박 3개, 대략 입방체
- 레몬즙 2큰술
- 백리향 1 티스푼, 건조한
- 맛에 맞게 소금과 후추
- 오레가노 1 티스푼, 건조한
- 올리브 오일 3큰술

오시는 길 :

a) 에어프라이어에 맞는 접시에 가지를 넣고 애호박, 레몬즙, 소금, 후추, 타임, 오레가노, 올리브 오일을 넣고 버무린 후 에어프라이어에 넣고 360°F 에서 8분간 조리하세요.

b) 접시에 나누어 담아 바로 서빙하세요.

69. 삶은 청경채

제공량 2

성분 :

- 으깬 마늘 1쪽
- 청경채 1 묶음
- 물 1컵 이상
- 소금과 후추 맛

오시는 길 :

a) 인스턴트팟에 물, 마늘, 청경채 를 추가합니다.

b) 뚜껑을 닫고 고압으로 7분간 "수동" 기능을 선택하세요.

c) 삐 소리가 나면 퀵 릴리스를 수행하고 뚜껑을 제거합니다.

d) 삶은 청경채를 체에 걸러 접시에 담습니다.

e) 위에 소금과 후추를 살짝 뿌려주세요.

f) 제공하다.

70. 에어프라이어 가지튀김

제공량: 2

재료

● 아기 가지 2개

● 큰 계란 2개

● 돼지고기 판코 1컵

● 갈은 파마산 치즈 ¼컵

● 마늘가루 1티스푼

● 말린 파슬리 1티스푼

● 말린 오레가노 ½티스푼

● 말린 바질 ½티스푼

● 말린 백리향 ¼티스푼

● 말린 로즈마리 ¼티스푼

● 갈은 파마산 치즈 2티스푼

● 데워진 마리나라 소스(디핑용)

오시는 길 :

a) 가지에서 줄기와 꽃 끝을 잘라냅니다. 가지에서 보라색 껍질을 벗겨냅니다.

b) 껍질을 벗긴 가지를 두께 ½인치(1. 27cm), 길이 약 4~4½인치(10~11cm)
   로 자릅니다. 더 고르게 요리하려면 모두 같은 크기로 만드세요. 가지
   스틱을 더 두껍게 또는 더 얇게 자르면 공기 튀김 시간이 달라집니다.

c) 중간 크기의 그릇에 계란 두 개를 넣고 휘젓습니다.

d) 두 번째 그릇에 돼지고기 판코, 파마산 치즈 ¼컵, 마늘 가루, 파슬리, 오레가노, 바질, 타임, 로즈마리를 함께 섞습니다.

e) 가지 튀김을 계란에 담근 후 돼지고기 판코 혼합물에 코팅합니다. 에어프라이어 트레이에 감자튀김을 손이 닿지 않는 단층으로 놓으세요. 감자튀김을 모두 덮으세요.

f) Tip. 에어프라이어 트레이에 감자튀김을 너무 많이 담지 마세요! 필요한 경우 여러 번에 걸쳐 요리하세요.

g) 가지 파마산 치즈 튀김을 에어프라이어에 넣고 190°C(375°F)에서 5분 동안 굽습니다. 그런 다음 에어프라이어 오븐에서 트레이 위치를 바꾸고 190°C(375°F)에서 5분 더 조리하세요. 감자튀김을 뒤집을 필요는 없습니다.

h) 이때 가지튀김이 가운데 부분이 충분히 부드러워지지 않으면 에어프라이어 트레이의 위치를 한 번 더 바꿔주세요. 190°C(375°F)에서 2~3분 더 공기에 튀겨주세요.

i) 가지튀김에 남은 파마산 치즈 2티스푼을 뿌립니다. 따뜻한 마리나라 소스를 곁들여 먹기 전에 조금 식혀주세요.

71. 에어프라이어 콜라비 감자튀김

수확량: 6

재료

- 1파운드 엑스트라 버진 올리브 오일

- 굵은 코셔 소금 2큰술

- 파프리카 1티스푼

- 마늘가루 1티스푼

- ½ 티스푼

오시는 길 :

a) 날카로운 주방용 칼을 사용하여 콜라비 뿌리의 잎을 자릅니다.

b) 뿌리 부분의 질긴 겉껍질을 잘라냅니다.

c) 껍질을 벗긴 후 뿌리를 ¼인치 원형으로 자른 다음 ¼인치 두께의 줄리엔 조각으로 자릅니다.

d) 채 썬 조각을 큰 믹싱볼에 넣습니다.

e) 나머지 재료를 넣고 잘 버무려주세요. 감자튀김의 절반을 에어프라이어 바구니에 넣고 350F에서 10분간 조리하세요.

f) 바구니를 흔든 다음 더 높은 온도에서 더 짧은 시간 동안 요리하세요(400F 에서 6분). 남은 감자튀김도 반복하세요. 티

72.   얇게 썬 오이 피클

1컵 정도 나옵니다

재료

- ¼ 인치 조각으로 자른 오이 1컵

- 양파가루 1 티스푼

- 레몬즙 2 테이블스푼

지도

a) 믹싱볼에 재료를 함께 넣습니다. 압력을 가하여 피클 프레스에 넣습니다.

b) 또는 그릇에 담긴 혼합물 위에 접시를 놓고 그 위에 무거운 접시를 쌓아두세요.

c) 하루 동안 실온에 두십시오.

d) 이것은 며칠 동안 냉장고에 보관됩니다.

73.   설탕에 절인 참마

4인분

재료

- 껍질을 벗긴 참마 또는 고구마 4개
- 생꿀 또는 생 아가베 넥타 1~2큰술

지도

a) 푸드 프로세서에서 S 칼날을 사용하여 참마를 부드러워질 때까지 가공합니다.

b) 한 번에 조금씩 감미료를 추가하고 추가할 때마다 처리한 다음 원하는 단맛에 도달할 때까지 맛을 봅니다.

c) 지나치게 달지 않도록 주의하세요.

74.   속을 채운 아보카도

제공량 4

재료

- 잘게 썬 붉은 양배추 2컵

- 갈은 당근 3/4컵

- 잘게 썬 적양파 1/2컵

- 라임 1개의 즙

- 반으로 잘라 씨를 제거한 아보카도 2개

지도

a) 중간 크기의 그릇에 양배추, 당근, 적양파를 함께 섞습니다.

b) 양배추 혼합물 위에 라임즙을 붓고 버무려 섞습니다.

c) 아보카도 반쪽에 조심스럽게 구멍을 뚫습니다. 양배추를 채우고 즐기세요!

75.   원시호박롤

제공량 3

재료

- 중간 크기 호박 1개
- 캐슈크림치즈 150g
- 레몬즙 2큰술
- 신선한 바질 잎 5개
- 호두 한 줌

지도

a) 그릇에 캐슈 치즈와 레몬 주스, 갓 다진 바질을 섞습니다.

b) 다진 견과류 한 줌을 추가합니다.

c) 감자칼을 이용해 애호박을 길게 썰어주세요.

d) 각 스트립에 약 1 티스푼의 치즈 믹스를 넣으세요.

e) 애호박 스트립을 치즈 믹스 위에 굴리고 신선한 바질로 장식합니다.

76.   캐슈 페스토 속을 채운 버섯

버섯 12개 제공

재료

- 10 온스 전체 크레미니 버섯, 중앙 줄기 제거
- 큰 바질 잎 15-20개
- 레몬 1개의 즙과 껍질
- 생 캐슈 2/3컵
- 맛볼 검은 후추

지도

a)   푸드 프로세서나 블렌더에 바질, 레몬즙, 캐슈넛을 섞습니다.

b)   후추와 펄스 푸드프로세서로 대충 다져질 때까지 양념하세요.

c)   페스토가 부드럽고 크리미해질 때까지 약 30초간 사용합니다.

d)   서빙 접시에 버섯 뚜껑을 열린 쪽이 위로 오도록 놓습니다. 페스토를 버섯 뚜껑에 숟가락으로 넣습니다.

e)   레몬 껍질을 얹고 캐슈넛으로 장식합니다.

77.   아보카도 카프레제 샐러드

제공량 6인분

재료

- 중간 크기의 가보 토마토 4개
- 중간 크기 아보카도 3개
- 신선한 바질 1큰 묶음
- 레몬즙 1개

지도

a) 아보카도의 적도 부근을 자르고 씨를 제거하세요. 둥글게 자른 후 껍질을 제거합니다.

b) 아보카도 조각을 레몬즙에 살짝 버무립니다.

c) 토마토를 자르십시오.

d) 토마토 슬라이스, 아보카도 슬라이스, 바질 잎을 겹겹이 쌓습니다. 즐기다!

78.   생타코보트

4인분

재료

- 로메인 상추 1개

- 생 비트 후무스 1/2컵

- 반으로 자른 방울토마토 1컵

- 얇게 썬 적양배추 3/4컵

- 중간 크기로 익은 아보카도 1개(깍둑썰기)

지도

a) 서빙 접시에 양상추 보트를 배열하고 후무스 1-2테이블스푼(15-30g)을 채우기 시작합니다.

b) 그런 다음 토마토, 양배추, 아보카도를 얹습니다.

79.   애플나쵸

재료

- 선택한 사과 2개
- 천연 너트 버터 ⅓ 컵
- 잘게 썬 작은 코코넛 한줌
- 계피를 뿌린다
- 레몬즙 1 테이블스푼

지도

a) 사과: 사과를 씻어서 속을 제거하고 ¼ 인치 조각으로 자릅니다.

b) 레몬즙과 함께 사과 조각을 작은 그릇에 넣고 버무려 코팅합니다.

c) 너트 버터: 너트 버터를 따뜻해지고 약간 묽을 때까지 가열하세요.

d) 접시 중앙에서 바깥쪽 가장자리까지 원을 그리며 너트 버터를 뿌립니다.

e) 코코넛 플레이크를 얹고 계피를 뿌립니다.

80.   생미트볼

재료

- 생 해바라기씨 1컵

- 생 아몬드 버터 ½ 컵 + 1 테이블스푼

- 불린 선드라이 토마토 4개

- 잘게 썬 신선한 바질 3큰술

- 너트 오일 1티스푼

지도

a) 모든 재료를 푸드 프로세서에 넣고 혼합물이 다진 고기와 비슷한 질감이 될 때까지 섞습니다.

b) 혼합물을 떠서 티스푼으로 쌓고 각각의 미트볼을 만듭니다.

c) 이 믹스는 생 애호박 파스타 위에 공으로 제공될 수 있습니다.

d) 마리나라 소스, 캐슈 사워 크림 또는 페스토와도 잘 어울립니다!

81.　　생당근 파스타

제공량 6

재료

- 껍질을 벗기고 나선형으로 썬 큰 당근 5개
- 캐슈넛 1/3컵
- 잘게 썬 신선한 고수 2테이블스푼
- 생강 라임 땅콩 소스 또는 생 소스 1/3컵

지도

a) 모든 당근 국수를 큰 그릇에 담습니다.

b) 면 위에 생강 라임 땅콩 소스를 붓고 가볍게 버무립니다.

c) 캐슈넛과 갓 다진 고수와 함께 제공합니다.

82.   애호박 파스타

재료

- 호박 1개
- 토마토 1컵
- 선드라이 토마토 1/2컵
- 1.5 메줄 날짜

지도

a) 나선형 칼이나 줄리엔 필러를 사용하여 애호박을 국수 모양으로 자릅니다.

b) 나머지 재료를 고속 블렌더에 넣고 함께 섞습니다.

83.   표고버섯 수프

6인분 분량

재료

- 말린 표고버섯 6컵

- 물 10컵

- 나마 2테이블스푼 간장

- 신선한 다진 쪽파 1테이블스푼

지도

a) 큰 용기에 버섯과 물을 넣고 뚜껑을 덮은 채로 냉장고에 약 8시간 동안 넣어둡니다.

b) 준비가 되면 버섯 물을 다른 그릇이나 용기에 버리십시오.

c) 나마를 저어주세요 버섯육수에 간장을 넣어요.

d) 버섯의 줄기를 제거하고 버리고, 뚜껑을 잘게 썬다.

e) 국물에 다진 버섯을 넣고 그 위에 다진 부추를 얹습니다.

84. 콜리플라워 브로콜리 ˙쌀

197

재료

- 콜리플라워 1개

- 다진 브로콜리 2컵

- 파 3개

- 잘게 썬 피망 ¼컵

- 에다마메 ¼컵

지도

a) 콜리플라워를 작은 꽃으로 쪼개어 잘 헹구세요.

b) 꽃을 작은 조각으로 자르고 한 번에 몇 줌씩 푸드 프로세서에 넣습니다.

c) 블렌더를 사용하는 경우 콜리플라워를 탬퍼로 밀어 내리면서 약 5~10초 동안 펄스를 줍니다.

d) 콜리플라워 혼합물을 그릇에 넣고 나머지 재료를 섞습니다.

e) 가끔씩 저어주면서 최소 30분 동안 그대로 두십시오.

85.   호박씨를 넣은 호박 국수

1~2인분

재료

- 작은 호박 2개
- 생 호박씨 1/4컵
- 영양 효모 2테이블스푼
- 바질 잎/기타 신선한 허브 1/4컵
- 견과류 우유나 물을 필요한 만큼

지도

a) 국수를 만들려면 만돌린이나 나선형 슬라이서로 애호박을 자릅니다. 큰 그릇에 따로 보관하세요.

b) 소스를 만들려면 모든 재료를 부드러워질 때까지 섞습니다(물이나 견과류 우유를 천천히 추가합니다).

c) 균일하게 코팅될 때까지 소스를 국수에 마사지합니다.

d) 부드러워지고 재워지도록 1분 동안 그대로 두세요.

86.　레몬 파슬리 절인 버섯

1개 만든다

재료

- 6c. 환양송이버섯

- 달콤한 흰 양파 1개 중 ½개

- ½c. 다진 파슬리

- ¼ 다. 레몬 주스

- ¼ 다. 너트 오일

지도

a) 매리네이드 재료를 모두 작은 그릇에 담습니다.

b) 모든 버섯을 약 ¼ 인치 두께로 자르고 큰 그릇에 넣습니다.

c) 매리네이드를 재료 위에 붓고 모든 재료가 완전히 코팅될 때까지 섞습니다.

d) 버섯을 1갤런짜리 지퍼락 냉동백에 넣고 공기를 최대한 짜냅니다.

e) 버섯을 최소 4시간 동안 냉장 보관하세요. 한 시간에 한 번씩 봉지를 꺼내서 뒤집어서 재료를 조금씩 옮겨주세요.

f) 충분한 시간이 지나면 냉장고에서 꺼내서 서빙하고 즐기세요.

87.   비건 스프링롤

4인분

재료

- 라이스페이퍼 6장

- 잘게 썬 당근 1개

- 잘게 썬 중간 크기 오이 1/2개

- 잘게 썬 빨간 피망 1개

- 얇게 썬 적양배추 100g 또는 1컵

지도

a) 패키지에 적힌 설명에 따라 라이스 페이퍼를 담그는 것부터 시작하세요.

b) 롤을 조립하기 전에 모든 야채를 준비하십시오.

c) 첫 번째 포장지를 도마 위에 놓고 야채 조각의 작은 부분을 아주 단단히 놓습니다.

d) 라이스 페이퍼 롤의 측면을 반으로 접어 부리또처럼 모든 것을 단단히 굴립니다.

e) 각 롤을 반으로 자르고 서빙하십시오.

88. 매콤한 씨앗이 들어간 호박 카레

재료

- 호박 3컵 - 1~2cm 크기로 잘게 썬 것
- 기름 2큰술
- 겨자씨 ½큰술
- 커민씨 ½테이블스푼
- 핀치 안전
- 카레잎 5~6장
- 호로파 씨앗 ¼테이블스푼
- 회향씨 1/4큰술
- 다진 생강 1/2큰술
- 타마린드 페이스트 1큰술
- 2테이블스푼 - 건조 코코넛 가루
- 볶은 땅콩 2큰술
- 소금과 흑설탕 또는 입맛에 따라 재거리
- 신선한 고수풀 잎

지도

a) 기름을 데우고 겨자씨를 첨가합니다. 터지면 커민, 호로파, 아사페티다, 생강, 카레 잎, 회향을 추가합니다. 30초 동안 요리하세요.

b) 호박과 소금을 넣으십시오. 타마린드 페이스트나 과육이 들어있는 물을 넣으세요. 황설탕 이나 흑설탕을 첨가하세요 . 갈은 코코넛과 땅콩 가루를 추가합니다. 몇 분 더 요리하세요. 신선한 다진 고수를 추가합니다.

89. 타마린드 생선 카레

4인분

재료

- 11/2파운드, 흰살생선, 덩어리로 자른 것
- 강황가루 3/4티스푼과 1/2티스푼
- 타마린드 펄프 2티스푼, 뜨거운 물 1/4컵에 10분 동안 담가둡니다.
- 식물성 기름 3테이블스푼
- 블랙머스타드씨 1/2티스푼
- 호로파 씨앗 1/4티스푼
- 신선한 카레 잎 8개
- 큰 양파, 다진 것
- 씨를 뿌리고 다진 세라노 녹색 고추
- 작은 토마토, 잘게 썬 것
- 말린 붉은 고추 2개, 대충 으깨기
- 대략 으깬 고수씨 1티스푼
- 무가당 건조 코코넛 1/2컵
- 식탁용 소금, 취향에 따라
- 물 1컵

지도

a) 생선을 그릇에 담습니다. 강황 3/4티스푼으로 잘 문지른 후 약 10분 동안 따로 놓아두세요. 헹구고 두드려서 말립니다.

b) 타마린드를 걸러내고 액체를 따로 보관해 두세요. 잔류물을 폐기하십시오.

c) 큰 프라이팬에 식물성 기름을 가열합니다. 겨자씨와 호로파씨를 추가합니다. 펄펄 끓기 시작하면 카레잎, 양파, 청양고추를 넣습니다. 7~8분 동안 또는 양파가 갈색이 될 때까지 볶습니다.

d) 토마토를 추가하고 8분간 더 조리하거나 혼합물의 측면에서 오일이 분리되기 시작할 때까지 조리합니다. 남은 강황 1/2티스푼, 붉은 고추, 고수 씨, 코코넛, 소금을 추가합니다. 잘 섞어서 30초 더 조리하세요.

e) 물과 걸러낸 타마린드를 추가합니다. 종기에 가져. 불을 낮추고 생선을 추가합니다. 약한 불로 10~15분간 또는 생선이 완전히 익을 때까지 조리합니다. 뜨겁게 서빙하세요.

90. 오크라카레

재료

- 오크라(레이디스 핑거) 250g - 1cm 크기로 자릅니다.
- 다진 생강 2큰술
- 겨자씨 1큰술
- 커민씨 1/2큰술
- 기름 2큰술
- 소금 맛
- 핀치 안전
- 볶은땅콩가루 2~3큰술
- 고수잎

지도

a) 기름을 데우고 겨자씨를 첨가합니다. 터지면 커민, 아사페티다, 생강을 추가합니다. 30초 동안 요리하세요.

b) 오크라와 소금을 넣고 익을 때까지 저어줍니다. 땅콩가루를 넣고 30초 더 조리하세요.

c) 고수 잎과 함께 제공됩니다.

91.   야채 코코넛 카레

재료

- 중간 크기 감자 2개, 깍둑썰기
- 콜리플라워 1 1/2컵 – 작은 꽃으로 자른다
- 큰 조각으로 잘게 썬 토마토 3개
- 기름 1큰술
- 겨자씨 1큰술
- 커민씨 1큰술
- 카레잎 5~6장
- 핀치 강황 – 선택 사항
- 다진 생강 1큰술
- 신선한 고수풀 잎
- 소금 맛
- 신선하거나 말린 코코넛 – 잘게 썬 것

지도

a) 기름을 가열한 다음 겨자씨를 첨가합니다 . 튀겨지면 남은 양념을 넣고 30 초간 조리하세요.

b) 콜리플라워, 토마토, 감자와 약간의 물을 넣고 뚜껑을 덮고 끓이면서 익을 때까지 가끔 저어줍니다. 약간의 액체가 남아 있어야 합니다. 드라이 카레를 원하시면 물이 증발할 때까지 몇 분간 볶으세요.

c) 코코넛, 소금, 고수잎을 추가합니다.

92.   기본 야채 카레

재료:

- 야채 250g - 다진 것

- 기름 1티스푼

- 겨자씨 ½티스푼

- 커민씨 ½티스푼

- 핀치 안전

- 카레잎 4~5장

- 강황 ¼티스푼

- 고수풀 ½티스푼

- 꼬집고 추가 루

- 생강 간 것

- 신선한 고수풀 잎

- 설탕 / 재거 와 소금 맛

- 신선하거나 말린 코코넛

지도

a) 야채에 따라 야채를 작은 조각(1~2cm) 으로 자릅니다.

b) 기름을 가열한 다음 겨자씨를 첨가합니다 . 터지면 커민, 생강, 남은 향신료를 추가합니다.

c) 야채를 넣고 끓입니다. 이 시점에서 야채가 익을 때까지 볶거나 물을 조금 추가하고 냄비 뚜껑을 덮고 끓일 수 있습니다.

d) 야채가 익으면 설탕, 소금, 코코넛, 고수풀을 추가하세요

93.   검은 눈 콩과 코코넛 카레

재료

- 가능하면 싹을 틔운 검은 눈콩 ½컵
- 물 2컵
- 기름 1큰술
- 겨자씨 1큰술
- 커민씨 1큰술
- 아사페티다 1큰술
- 다진 생강 1큰술
- 카레잎 5~6장
- 강황 1큰술
- 고수풀 1큰술
- 토마토 2개 - 다진 것
- 1-2큰술. 볶은 땅콩가루
- 신선한 고수풀 잎
- 신선한 코코넛, 강판
- 설탕과 소금 맛

지도

a) 콩을 물에 6~8시간 또는 밤새 담가둡니다. 콩을 압력솥에 삶거나 냄비에 삶아주세요.

b) 기름을 데우고 겨자씨를 첨가합니다. 터지면 커민 씨앗, 아사페티다, 생강, 카레 잎, 강황, 고수 가루를 추가합니다. 볶은 땅콩가루와 토마토를 추가합니다.

c) 콩과 물을 추가합니다. 완전히 익을 때까지 가끔 계속 저어줍니다.

d) 필요한 경우 물을 더 추가하십시오. 입맛에 맞게 설탕과 소금을 추가하고 고수 잎과 코코넛으로 장식합니다.

94. 양배츄 카레

재료

- 양배추 3컵 – 잘게 썬 것

- 기름 1티스푼

- 겨자씨 1티스푼

- 커민씨 1티스푼

- 카레잎 4~5장

- 핀치 심황 r 선택 사항

- 다진 생강 1티스푼

- 신선한 고수풀 잎

- 맛을 위한 소금

- 선택 사항 – 완두콩 ½컵

지도

a) 기름을 가열한 다음 겨자씨를 첨가합니다 . 튀겨지면 남은 양념을 넣고 30 초간 조리하세요.

b) 사용하는 경우 양배추와 기타 야채를 추가하고 완전히 익을 때까지 가끔 저어줍니다. 필요한 경우 물을 추가할 수 있습니다.

c) 맛과 고수풀 잎에 소금을 첨가하십시오.

95.   콜리플라워 카레

재료

- 콜리플라워 3컵 - 작은 꽃으로 자른다

- 토마토 2개 - 다진 것

- 기름 1티스푼

- 겨자씨 1티스푼

- 커민씨 1티스푼

- 심황 꼬집기

- 다진 생강 1티스푼

- 신선한 고수풀 잎

- 소금 맛

- 신선하거나 말린 코코넛 - 잘게 썬 것

지도

a) 기름을 가열한 다음 겨자씨를 첨가합니다 . 튀겨지면 남은 양념을 넣고 30 초간 조리하세요. 사용하는 경우 이 시점에 토마토를 추가하고 5분간 조리하세요.

b) 콜리플라워와 약간의 물을 넣고 뚜껑을 덮고 끓이면서 완전히 익을 때까지 가끔 저어줍니다. 더 건조한 카레를 원할 경우 마지막 몇 분 동안 뚜껑을 열고 볶습니다. 마지막 몇 분 동안 코코넛을 추가하세요.

96. 감자 콜리플라워 토마토 카레

재료:

- 중간 크기 감자 2개, 깍둑썰기

- 작은 꽃으로 자른 콜리플라워 1 1/2컵

- 큰 조각으로 잘게 썬 토마토 3개

- 기름 1티스푼

- 겨자씨 1티스푼

- 커민씨 1티스푼

- 카레잎 5~6장

- 핀치 강황 – 선택 사항

- 다진 생강 1티스푼

- 신선한 고수풀 잎

- 신선하거나 말린 코코넛 – 잘게 썬 것

지도

a) 기름을 가열한 다음 겨자씨를 첨가합니다 . 튀겨지면 남은 양념을 넣고 30 초간 조리하세요.

b) 콜리플라워, 토마토, 감자와 약간의 물을 넣고 뚜껑을 덮고 끓이면서 익을 때까지 가끔 저어줍니다. 코코넛, 소금, 고수잎을 추가합니다.

97.   호박카레

재료:

- 호박 3컵 - 1~2cm 크기로 잘게 썬 것

- 기름 2티스푼

- 겨자씨 ½티스푼

- 커민씨 ½티스푼

- 핀치 안전

- 카레잎 5~6장

- 호로파 씨앗 ¼티스푼

- 회향씨 1/4티스푼

- 다진 생강 1/2티스푼

- 타마린드 페이스트 1티스푼

- 2테이블스푼 - 건조 코코넛 가루

- 볶은 땅콩 2큰술

- 소금과 흑설탕 또는 입맛에 따라 재거리

- 신선한 고수풀 잎

지도

a) 기름을 데우고 겨자씨를 첨가합니다. 터지면 커민, 호로파, 아사페티다, 생강, 카레 잎, 회향을 추가합니다. 30초 동안 요리하세요.

b) 호박과 소금을 넣으십시오

c) 타마린드 페이스트나 과육이 들어있는 물을 넣으세요. 황설탕 이나 흑설탕을 첨가하세요 .

d) 갈은 코코넛과 땅콩 가루를 추가합니다. 몇 분 더 요리하세요

e) 신선한 다진 고수를 추가합니다.

98.   야채 볶음

재료:

- 다진 야채 3컵

- 다진 생강 2티스푼

- 기름 1티스푼

- 아사페티다 ¼티스푼

- 간장 1큰술

- 신선한 허브

지도

a) 팬에 기름을 데워주세요. 아사페티다와 생강을 추가합니다. 30초 동안 볶습니다.

b) 감자, 당근 등 가장 오랫동안 익혀야 하는 야채를 추가하세요. 1분간 볶은 다음 약간의 물을 추가하고 뚜껑을 덮고 반쯤 익을 때까지 끓입니다.

c) 토마토, 옥수수, 피망 등 남은 야채를 추가합니다. 간장, 설탕, 소금을 추가합니다. 뚜껑을 덮고 거의 익을 때까지 끓입니다.

d) 뚜껑을 제거하고 몇 분 더 볶습니다.

e) 신선한 허브를 추가하고 허브가 야채와 섞일 때까지 몇 분간 기다립니다.

99.   흰 조롱박 카레

재료:

- 250g ra ms' 흰 조롱박

- 기름 1티스푼

- 겨자씨 ½티스푼

- 커민씨 ½티스푼

- 카레잎 4~5장

- 심황 꼬집기

- 핀치 안전

- 다진 생강 1티스푼

- 볶은땅콩가루 1~2큰술

- 갈색 설탕과 소금 맛

지도

a) 기름을 데우고 겨자씨를 첨가합니다. 터지면 커민, 카레 잎, 강황, 아사페티다, 생강을 추가합니다. 30초 동안 요리하세요.

b) 흰 호박과 약간의 물을 넣고 뚜껑을 덮고 끓이면서 익을 때까지 가끔 저어줍니다.

c) 볶은 땅콩가루, 설탕, 소금을 넣고 1분간 더 끓입니다.

100. 구운 뿌리채소와 수수

8인분

재료
- 껍질을 벗긴 진주 양파 1컵
- 껍질을 벗기고 세로로 반으로 자른 어린 당근 16개(약 1파운드)
- 껍질을 벗겨 세로로 반으로 자른 아기 순무 12개(약 1파운드)
- 코코넛 오일 2티스푼
- 수수 2테이블스푼
- 사이다 식초 2테이블스푼
- 다진 신선한 쪽파 1테이블스푼
- 코셔 소금 ½티스푼
- 갈은 후추 ¼티스푼
- 참깨 꼬집기

지도
a) 오븐을 450° 로 예열하세요.
b) 팬에 양파, 당근, 순무를 넣습니다.
c) 코코넛 오일을 뿌리고 가볍게 버무려 코팅합니다. 15 분간 굽습니다 .
d) 수수와 식초를 섞는다. 수수 혼합물의 절반을 당근 혼합물 위에 뿌리고 가볍게 버무려 코팅합니다.
e) 야채가 부드러워질 때까지 15분 더 굽습니다. 남은 수수 혼합물을 뿌립니다 .
f) 다진 쪽파, 소금, 참깨 , 갓 간 후추를 고르게 뿌립니다.

결론

야채를 더 많이 섭취하는 데 도움이 필요하신가요? 이 책은 야채를 조리하는 가장 일반적인 방법을 강조하며, 이 모든 방법은 실제로 맛도 좋은 야채를 준비하는 건강한 방법입니다! 눅눅하고 밋밋한 야채와 작별하고 새롭게 좋아하는 음식 그룹을 만나보세요!